Bernd Serexhe

Selbst Isolierungen und Dämmungen einbauen

Compact Verlag

© 2005 Compact Verlag München
Alle Rechte vorbehalten. Nachdruck, auch auszugsweise,
nur mit ausdrücklicher Genehmigung des Verlages gestattet.
Alle Angaben wurden sorgfältig recherchiert, eine Garantie
bzw. Haftung kann dennoch nicht übernommen werden.
Chefredaktion: Evelyn Boos
Redaktion: Uta Lux
Produktion: Wolfram Friedrich
Titelabbildungen: Saint-Gobain Isover G+H AG, Ladenburg
Umschlaggestaltung: Ingeborg Cisse

ISBN 3-8174-2212-1
2222121

Besuchen Sie uns im Internet: www.compactverlag.de

Vorwort

Ein Wort zuvor

Selbermachen – ein Hobby, das heute für Millionen zur sinnvollen Freizeitbeschäftigung geworden ist. Ob es sich nun um die gemietete Altbauwohnung oder um die eigenen vier Wände handelt, mit etwas Geschick und einer fachmännischen Anleitung lassen sich oft verblüffende Ergebnisse erzielen: bei kleineren Reparaturen, beim Renovieren und Verschönern und beim Um- und Ausbauen.

Und Selbermachen bringt Spaß. Freude an der eigenen Arbeit, deren Ergebnis man Tag für Tag sehen und »bewundern« kann; es spart Geld, mit dem sich langgehegte Wünsche erfüllen lassen, und es macht unabhängig von Handwerkern, auf die man womöglich wochenlang und schließlich vergeblich gewartet hat.

Fachgeschäfte, Heimwerker- und Baumärkte versorgen den Hobby-Handwerker mit allen Werkzeugen und Materialien, die er braucht. Doch richtiges Werkzeug und Begeisterung allein reichen nicht aus. Unerläßlich sind eine gründliche Vorbereitung und Fachkenntnisse, wie eine Arbeit durchzuführen und was dabei zu beachten ist.

COMPACT PRAXIS **Selbst Isolierungen und Dämmungen einbauen** zeigt, wie man's macht. Mit wertvollen Tips und Tricks, die sich in der Praxis tausendfach bewährt haben. Jeder Arbeitsgang wird ausführlich Schritt für Schritt gezeigt und in Bild und Text erläutert. Übersichtliche Symbole zeigen auf einen Blick, mit welchem Schwierigkeitsgrad, welchem Kraft- und Zeitaufwand Sie bei jedem Arbeitsgang rechnen müssen, welche Werkzeuge Sie brauchen und wieviel Geld Sie durch Ihre eigene Arbeit einsparen können.

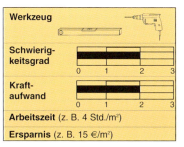

Und so stufen Sie sich richtig ein:

Schwierigkeitsgrad 1 – Arbeiten, die auch der Ungeübte ausführen kann. Es ist nur geringes handwerkliches Geschick erforderlich.

Schwierigkeitsgrad 2 – Arbeiten, die einige Übung im Umgang mit Werkzeug und Material erfordern. Es ist handwerklich durchschnittliches Geschick notwendig.

Schwierigkeitsgrad 3 – Arbeiten, die fachmännische Übung erfordern. Überdurchschnittliches Geschick ist erforderlich.

Kraftaufwand 1 – Leichte Arbeit, die jeder bequem erledigen kann.

Kraftaufwand 2 – Arbeiten, die eine gewisse körperliche Kraft voraussetzen.

Kraftaufwand 3 – Arbeiten für kräftige Heimwerker, die keine »Knochenarbeit« scheuen.

Inhaltsverzeichnis

Auf einen Blick

Fachkunde

Die wichtigsten Fachbegriffe von A–Z	6
Überblick zu Dämmaßnahmen	8
Bautechnische Voraussetzungen	10
● Dämmung von Wänden	10
● Dämmung von Steildächern	12
● Dämmung von Decken	12
● Wärme- und Trittschalldämmung von Fußböden	13

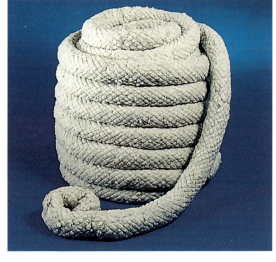

Materialkunde

Imprägnierungen und Anstriche	14
Dichtstoffe und Spachtelmassen	15
Wassersperrende Beschichtungen	16
Dämmstoffarten und ihre Handelsformen	18
Eigenschaften der Dämmstoffe	22

Werkzeugkunde

Die wichtigsten Werkzeuge	26

Inhaltsverzeichnis

Grundkurse

Risse und Putzschäden beseitigen	28
Abwasserleitungen ummauern	29
Unebene Betonböden ausgleichen	30
Außenwände imprägnieren	32
Haussockel isolieren	33
Balkon abdichten	34
Duschecke isolieren	36
Fundament und Kellermauern isolieren	37
Fugen dauerelastisch abdichten	38
Mit Dämmstoffkörnung dämmen	40
Trittschalldämmende Fußböden über Betondecken einbauen	42
Dämmplatten in Balkendecken einbauen	43
Fassade des Hauses dämmen	45

Arbeitsanleitungen

Dachraum mit Gipskarton-Verbundplatten ausbauen	48
Kellermauern isolieren und dämmen	52
Hartschaumplatten vielseitig einsetzen	58
Außenwände von innen dämmen	63
Abseitenräume und Zwischenwände dämmen	65
Rohrleitungen gegen Wärmeverlust dämmen	68
Unterboden auf Lagerhölzern bauen	73
Dämmstoffe mit einer Dampfsperre isolieren	76
Unterboden mit Dämmstoffkörnung aufbauen	84
Heizöllager fachgerecht isolieren	90

Sachwortregister 95

Abbildungsverzeichnis 96

Fachkunde: Fachbegriffe

Die wichtigsten Fachbegriffe von A–Z

Anorganische Dämmstoffe: Sie werden aus Materialien wie mineralischen Rohstoffen, Gesteinen, Sand, Schlacke usw. hergestellt.

Baubiologie: Sie gehört noch keiner wissenschaftlichen Disziplin an; befaßt sich mit den möglichen Auswirkungen des Wohnumfeldes auf die Gesundheit des Menschen und beurteilt dabei nach eigenen Kriterien auch Baustoffe.

Bauphysik: Sie beschreibt im Bauwesen auftretende Vorgänge als Grundlage zur Vermeidung von Bauschäden und als Voraussetzung für gesunde Wohnbedingungen.

Baustoffklassen: Die DIN 4102 (Brandverhalten von Baustoffen und Bauteilen) teilt Baustoffe nach ihrem Brandverhalten ein in: Baustoffklassen A 1 und A 2 = nicht brennbar, B 1 = schwer entflammbar, B 2 = normal entflammbar und B 3 = leicht entflammbar.

Die jeweilige Baustoffklasse muß bei genormten, zugelassenen Dämmstoffen auf dem Etikett angegeben sein. In der Bundesrepublik dürfen darüber hinaus im Bauwesen keine Produkte der Baustoffklasse B 3 verwendet werden.

Dämmende Leichtbauplatten: Sie werden unterschieden in Holzwolle-Leichtbauplatten gemäß DIN 1101 aus Holzwolle mit einer Bindung aus Zement- oder Magnesitgemisch und Mehrschichtplatten gemäß DIN 1104, bei denen Schaumkunststoffplatten ein- oder beidseitig mit mineralisch gebundener Holzwolle beschichtet sind.

Dämmschichtdicken: Darunter versteht man die Dicke von Dämmschichten. Nach den Anforderungen der ab 1.2.2002 geltenden Energieeinsparverordnung (EnEV) empfehlen sich folgende Werte:

- geneigtes Dach
  120 bis 220 mm
- oberste Geschoßdecke
  120 bis 200 mm
- Außenwand, außen
  80 bis 120 mm
- Außenwand, innen
  60 bis 100 mm
- Kellerdecke
  60 bis 80 mm
- offene Durchfahrten
  100 bis 120 mm

Dämmstoffkörnungen: Sie werden auch als lose Schüttungen bezeichnet und vorzugsweise aus gekörntem Gestein durch einen Blähprozeß bei etwa 1000 Grad Celsius gewonnen.

Dampfbremse bzw. Dampfsperre: Sie bewirkt, daß keine Luftfeuchtigkeit in Bauteile eindringen kann und verhindert damit deren Durchfeuchtung.

DIN: Abkürzung für »Deutsche Industrie-Norm«. Die Erstellung und Einteilung der Namen erfolgen durch Normenausschüsse des Deutschen Instituts für Normung. Nur Produkte, die die festgelegten Rahmenbedingungen erfüllen, dürfen die Prüfbezeichnung »DIN« tragen.

Expandierter Polystyrol-Hartschaum (nach DIN 18 164): Er wird aus treibmittelhaltigem Polystyrol-Granulat hergestellt. In sogenannten Vorschäumern wird das Granulat mit heißem Dampf aufgebläht. Die vorgeschäumten Partikel werden später weiter aufgebläht und zu einem Block zusammengeschweißt.

Mineralfaserdämmstoffe: Sie werden aus der Schmelze anorganischer Rohstoffe (Glas, Gestein oder Schlacke) gewonnen.

Organische Dämmstoffe: Sie werden unterschieden in natürliche Dämmstoffe aus Kork, Torf, Sägespänen u.a. und künstliche Dämmstoffe aus → expandiertem Polystyrol-Hartschaum, → Polyurethan-Hartschaum u.a.

Fachkunde: Fachbegriffe

Polyurethan-Hartschaum (nach DIN 18 164): Er wird aus mehreren Kunstharzkomponenten durch chemische Reaktion unter Mitwirkung eines Treibmittels in Blöcken oder kontinuierlich in Platten hergestellt.

Raumklima: Setzt sich aus den Komponenten Lufttemperatur, Luftfeuchtigkeit, Luftgeschwindigkeit, Temperatur der Raumumschließungsflächen und dem Gehalt an Fremdstoffen in der Luft zusammen. Das subjektive Empfinden des Raumklimas ist abhängig von Lebensalter, Gesundheitszustand und Kleidung.

Rohdichte: Sie bezeichnet die Dichte eines Baustoffs einschließlich Poren, Hohlräume und dergleichen in kg/m^3.

Schwitzwasser: Es schlägt sich auf der Innenseite von Außenbauteilen nieder, wenn deren Oberflächentemperatur den Taupunkt der Luft unterschreitet. Der Taupunkt bezeichnet die Temperatur, bei deren Unterschreiten die in der Luft unsichtbar enthaltene Feuchtigkeit zu Wasser kondensiert.

U-Wert: Der U-Wert (früher k-Wert) bezeichnet den Wärmedurchgang durch einen Bauteil und wird in $W/(m^2 \ K)$ angegeben.

Dieser Wert drückt also aus, welche Leistung pro m^2 eines Bauteils auf einer Seite benötigt wird, um einen Temperaturunterschied von 1 Kelvin aufrecht zu halten (Leistung ist Energie pro Zeiteinheit). *Faustformel:* Je kleiner der U-Wert, desto besser der Dämmwert und um so geringer die Wärmeverluste. *Tip:* In einschlägigen Suchmaschinen sind im Internet unter dem Stichwort „U-Wert" verschiedene automatische Berechnungsverfahren zu finden.

Wärmebrücken: Auch »Kältebrücken« genannt, sind einzelne, örtlich begrenzte »Schwachstellen« in Außenbauteilen, die eine geringere Wärmedämmung haben als die umgebenden Flächen. Das bedeutet herabgesetzte Oberflächentemperatur an der Innenseite des Bauteils, Gefahr der Tauwasserbildung und damit verbundene Schmutzablagerung und Schimmelpilzbildung.

Wärmedämmung: Durch bauliche Maßnahmen bewirkter Schutz eines Gebäudes vor Wärmeverlusten. Dieser wird durch den →Wärmedurchlaßwiderstand oder den →U-Wert definiert.

Wärmedurchlaßwiderstand: Er wird auch Wärmedämmfähigkeit genannt, ist abhängig von der →Wärmeleitfähigkeit des Bau- oder Dämmstoffs und von dessen Schichtdicke. Er gibt den Widerstand an, den ein Bauteil dem Abfließen oder Eindringen von Wärmeenergie entgegensetzt.

Wärmeleitfähigkeit: Sie wird durch die Wämeleitzahl λ (Lambda) gekennzeichnet und nennt die Wärmemenge in Watt, die pro Stunde durch 1 m^2 einer 1 m dikken Stoffschicht bei einem Temperaturgefälle von 1 Grad Celsius strömt. Je kleiner die Wärmeleitfähigkeit ist, desto besser sind die Wärmedämmeigenschaften des Baustoffs.

Wärmespeicherfähigkeit: Das ist die Eigenschaft eines Stoffs, Wärme zu speichern und bei Abkühlung wieder abzugeben. Je schwerer (dichter) ein Stoff ist, um so größer ist sein Wärmespeichervermögen.

Wasserdampfdiffusion: Ähnlich wie Wärme immer von der warmen zur kalten Seite wandert, findet zwischen Bereichen unterschiedlicher Luftfeuchte eine Wasserdampfwanderung (Wasserdampfdiffusion) statt. Temperatur, Luftdruck und relative Luftfeuchte beeinflussen die Geschwindigkeit der Diffusion und damit die Menge des diffundierenden Dampfs.

Fachkunde: Überblick

Überblick zu Dämmaßnahmen

Anhand der Übersicht können Sie selbst beurteilen, welche Dämmvorhaben Sie sich als Heimwerker zumuten können und welche nicht. Ziehen Sie im Zweifelsfall immer rechtzeitig den geschulten Fachmann hinzu.	leicht	mittel	schwer	nicht möglich	Hinweise
I. Geneigtes Dach (Dachgeschoßausbau)					
1. auf den Sparren			●		Facharbeit
2. zwischen den Sparren	●				
3. unter den Sparren		●			
II. Flachdach					
1. oberseitig beim einschaligen unbelüfteten Dach (Warmdach)				●	Facharbeit
2. auf der Unterschale beim zweischaligen, belüfteten Dach (Kaltdach)			●		Bauphysik
III. Oberste Geschoßdecke (Speicherboden)					
1. oberseitig ohne Abdeckung	●				
2. oberseitig zwischen Lagerhölzern mit Abdeckung		●			
3. oberseitig unter Verlegeplatten		●			
4. oberseitig mit Verbundelementen		●			
5. unterseitig zwischen Lattung		●			Bauphysik
6. unterseitig mit Verbundplatten			●		Bauphysik
7. unterseitig mit Sichtplatten	●				Bauphysik
IV. Außenwand					
1. außen unter Putz (Fassaden-Vollwärmeschutz-System)				●	Facharbeit
2. außen unter hinterlüfteter Verkleidung			●		Statik
3. Kerndämmung beim zweischaligen Mauerwerk				●	
4. Systemsteine oder Formteilelemente (Mantelbetonbauweise)			●		Statik
5. innen zwischen Lattung		●			Bauphysik
6. innen mit Verbundplatten		●			Bauphysik
7. Untertapeten		●			
8. Reflexionsfolien (Heizkörpernischen)		●			
V. Böden und Decken					
1. oberseitig unter schwimmendem Estrich (Trittschalldämmung)			●		Facharbeit
2. oberseitig mit Verbundelementen		●			
3. unterseitig mit Sichtplatten		●			Bauphysik
4. unterseitig bei Kellerdecken	●				
VI. Sonderanwendungen					
1. Dämmung und Dränung von Kellerwänden			●		Facharbeit
2. Rohrleitungen		●			Bauphysik
3. Hohlraumdämmung mit vorgeschäumten Partikeln		●			Facharbeit

Schaubild: IVH Industrieverband Hartschaum, Heidelberg

Fachkunde: Dämmaßnahmen

Fachkunde: Bautechnik

Bautechnische Voraussetzungen

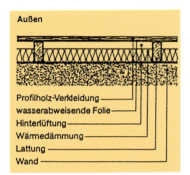

1
- Profilholz-Verkleidung
- wasserabweisende Folie
- Hinterlüftung
- Wärmedämmung
- Lattung
- Wand

Außen

2
- Wand
- Lattung + Wärmedämmung
- Konterlattung + Wärmedämmung
- Dampfsperre
- Profilholz-Verkleidung

Innen

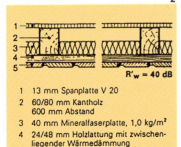

$R'_w = 40$ dB

1 13 mm Spanplatte V 20
2 60/80 mm Kantholz 600 mm Abstand
3 40 mm Mineralfaserplatte, 1,0 kg/m²
4 24/48 mm Holzlattung mit zwischenliegender Wärmedämmung
5 12,5 mm Profilbretter

Nur der wirklich fachgerechte Einbau des Dämmaterials und der Verkleidung garantiert die gewünschte Dämmwirkung. Zur Vermeidung von schwerwiegenden Bauschäden, unnötigen Kosten und Komplikationen bei der Arbeit sollten Sie die folgenden bautechnischen Vorüberlegungen zur Grundlage Ihrer Planung machen.

Dämmung von Wänden
1 Die **außenseitige Dämmung von Außenwänden** erfordert in jedem Fall eine wirksame Hinterlüftung zwischen Dämmschicht und Verkleidung. Die einzige Ausnahme bilden hier Dämmstoff-Putz-Verbundsysteme, mit deren Ausführung auch der geübte Heimwerker überfordert ist.

Wird die Dämmschicht hinter einer Profilholz-, Holzschindel- oder Plattenverkleidung angebracht, so ist zur Befestigung der Verkleidung ein tragfähiges Kantholzgerüst erforderlich. Um die notwendige Hinterlüftung zu gewährleisten, müssen die Kanthölzer um mindestens 3 cm dicker sein als die Dämmstoffschicht. Bei einer 6 cm dicken Dämmstoffschicht benötigen Sie also Kanthölzer von 9 bis 10 cm Stärke, deren sichere Befestigung an der Wand nur mit entsprechend langen Dübeln und Schrauben erfolgen kann. Die lichten Abstände zwischen den Kanthölzern sollten um 1 bis 2 cm geringer gewählt werden als die Breite der verwendeten Dämmplatten. Sie lassen sich dann fugendicht zwischen die Kanthölzer einpressen.

2 Bei der **innenseitigen Dämmung von Außenwänden** müssen Sie berücksichtigen, daß der in der Raumluft enthaltene Wasserdampf in die Dämmstoffschicht eindringt. Begünstigt wird dieser Vorgang durch entsprechend hohe Luftfeuchte und durch hohe Temperatur. Der Wasserdampf zieht durch den Dämmstoff hindurch und kondensiert an dessen Berührungsfläche mit der Wand. Neben einer für alle Bauteile sehr schädlichen Schimmelbildung wird durch die Feuchtigkeit die Dämmwirkung erheblich herabgesetzt. Um ein Eindringen der Luftfeuchtigkeit in die Dämmstoffschicht zu verhindern, sollten zwischen Dämmstoffschicht und Verkleidung – also von der Innenwandseite her

Fachkunde: Hinterlüftung

– als Dampfsperre eine Polyäthylenfolie oder eine Aluminiumfolie angebracht werden.

Bei Räumen mit zeitweise sehr hoher Luftfeuchtigkeit, etwa in Badezimmern, Küchen und Waschräumen, reicht diese Maßnahme jedoch nicht aus. Hier muß zusätzlich für eine Hinterlüftung zwischen Dämmstoffschicht und Verkleidung gesorgt werden (vgl. Abb. 4–6). Innenwände benötigen keine Dampfsperre, jedoch sollte auch hier in Feuchträumen hinterlüftet werden.

3 Schalldämmende Zwischenwände müssen wenigstens auf einer Seite mit Platten aus schweren Baustoffen (z.B. Holzspan- oder Gipskarton) verkleidet werden. Um Schallbrücken zu vermeiden, wird das tragende Kantholzgerüst an allen Anschlüssen, an Boden, Decke und Wänden mit Dämmstoffrandstreifen hinterlegt. Bei der Planung sollte berücksichtigt werden, daß einerseits der lichte Abstand zwischen den Kanthölzern um 1 bis 2 cm geringer gewählt werden muß als die Breite der Dämmplatten beträgt, andererseits aber auch der Abstand von Kantholzmitte zu Kantholzmitte dem Maß der gewählten Platten für die Beplankung entsprechen muß.

4 Waagerecht aufgebaute Profilbrettschalungen sind am einfachsten zu hinterlüften. Hier genügt es, wenn die Kanthölzer 2 bis 3 cm dicker sind als die Dämmstoffschicht. Außerdem muß natürlich die Luft am unteren Rand der Schalung ungehindert einziehen und am oberen Rand wieder austreten können (vgl. dazu auch Abb. 6).

5 Senkrecht aufgebaute Profilbrettschalungen benötigen eine waagerechte Traglattung. Soll die Schalung hinterlüftet werden, so schrauben Sie die Traglattung an senkrecht stehende Kanthölzer. Anschließend bauen Sie die Dämmstoffplatten zwischen die Kanthölzer ein. Wiederum müssen die Kanthölzer so stark gewählt werden, daß die Luft ungehindert zirkulieren kann. Für die Traglattung reichen normale Dachlatten bei einer Anbringung im Abstand von 50 cm aus.

**6 Für eine ausreichende Hinterlüftung zwischen Dämmschicht und Verkleidung muß die Luft am

4

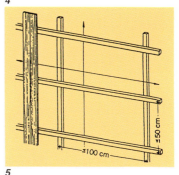
5

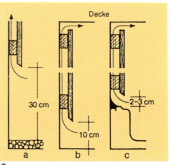
6

Fachkunde: Dämmung von Dächern und Decken

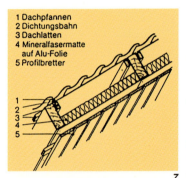

1 Dachpfannen
2 Dichtungsbahn
3 Dachlatten
4 Mineralfasermatte auf Alu-Folie
5 Profilbretter

7

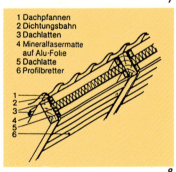

1 Dachpfannen
2 Dichtungsbahn
3 Dachlatten
4 Mineralfasermatte auf Alu-Folie
5 Dachlatte
6 Profilbretter

8

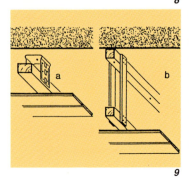

a   b

9

unteren Verkleidungsrand ungehindert einziehen und am oberen Rand austreten können. Am Außenbau sollte, auch zum Schutz der Verschalung gegen Spritzwasser, ein Bodenabstand von mindestens 30 cm eingehalten werden. In Feuchträumen kann der Abstand von Boden und Decke entsprechend geringer sein. Eine besonders wichtige Maßnahme bei hinterlüfteten Verkleidungen ist das Abschrägen des unteren Schalungsrands. An einer sauber abgeschrägten »Tropfkante« kann abtropfendes Wasser nicht in das Holz einziehen.

Dämmung von Steildächern

7 Im Dachbereich tritt leicht Kondenswasserbildung auf, besonders im Bereich zwischen Dacheindeckung (bzw. Dichtungsbahn) und Dämmstoff. Dort sollte unbedingt hinterlüftet werden. Um zu vermeiden, daß Wasserdampf aus der Raumluft in die Dämmstoffschicht eindringt, muß der Dämmstoff raumseitig lückenlos mit einer dampfsperrenden oder -bremsenden Folie überzogen werden. Verlaufen die Profilbretter senkrecht, dann wird auf die Sparren eine waagerechte Konterlattung (Dachlatten) geschraubt.

8 Bei waagerechtem Verlauf hingegen werden die Profilbretter an den Dachsparren befestigt. Sollen die Sparren sichtbar sein, so müssen an ihren Seiten Dachlatten angeschraubt werden, an denen die Befestigung der Profilbrettabschnitte erfolgen kann.

Dämmung von Decken

9 Bei nicht abgehängten Decken werden die Dämmstoffplatten zwischen die montierten Kanthölzer an der Decke eingepreßt. Dazu müssen die Dämmstoffplatten in der Breite auf 1 bis 2 cm Übermaß zugeschnitten werden. Bei abgehängten Decken wird das Dämmaterial fortschreitend mit der Befestigung der Deckenverkleidung auf diese aufgelegt oder, bei vorgesehener Hinterlüftung, an der Decke selbst zwischen der Traglattung befestigt.

Achten Sie bei der Befestigung von Lattengerüsten an Decken oder Wänden darauf, daß die Konstruktion im Hinblick auf das Gewicht der vorgesehenen Beplankung oder Verschalung tragfähig ist.

Fachkunde: Dämmung von Böden

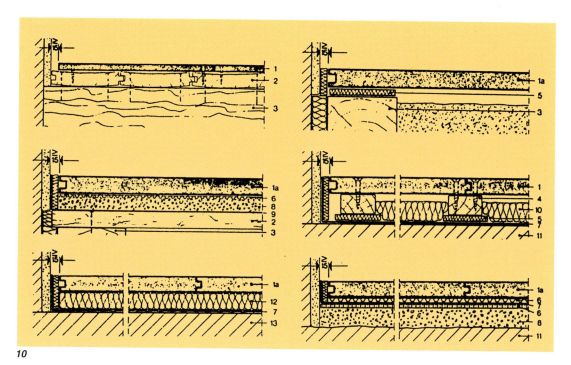

10

Wärme- und Trittschalldämmung von Fußböden

10 Zur Vermeidung von Wärme- und Schallbrücken sollte bei allen Ausführungen auf eine schwimmende Verlegung geachtet werden. Bei den obenstehenden Skizzen für den Ausbau von Trockenunterböden kann man die Holzspanplatte durch Platten aus anderen Werkstoffen (Trocken-Estrichelemente, z.B. Gipsfaser-Estrichelemente) ersetzen, muß aber auf materialgerechte Befestigung achten (Spezialschrauben und -nägel). Die Ziffern in nebenstehenden Abbildungen bedeuten: 1. Holzspanplatte; 1a. Holzspanplatte, schwimmend verlegt, Stöße verleimt; 2. Dielenboden; 3. Deckenbalken; 4. Lagerholz; 5. Trittschalldämmplattenstreifen; 6. Wellpappe oder Holzfaserdämmplatte als Abdeckplatte; 7. Feuchtsperre, Polyäthylenfolie 0,2 mm; 8. Trockenschüttung als Niveauausgleich; 9. evtl. dampfdurchlässige Pappe als Rieselschutz; 10. Mineralwolle als Hohlraumdämpfung; 11. Rohdecke; 12. Trittschalldämmplatte; 13. planebene Rohdecke.

Materialkunde: Imprägnierungen

Imprägnierungen und Anstriche

Viele Schäden an Hausfassaden entstehen durch das Eindringen von Regen- und Oberflächenwasser. Durch Schlagregen kommt es zu Auswaschungen, durch Spritzwasser zur Einlagerung von gelösten Tausalzen. Beim Frost-Tauwechsel wird bei durchfeuchteten Baustoffen die Porenstruktur zerstört. Es kommt zur Bildung von Mikrorissen und schließlich zu großflächigen Frostabsprengungen.

Fassadenanstriche sollten daher eine geringe Wasseraufnahmefähigkeit bei gleichzeitig hoher Wasserdampfdurchlässigkeit besitzen. Traditionelle mineralische Anstriche aus Kalk und Zementfarben sind äußerst wasserdampfdurchlässig, müssen aber noch mit einer wasserabweisenden Imprägnierung ausgestattet werden (Hydrophobierung). Moderne Fassadenfarben dagegen (Silikonharzfarben, Zweikomponenten-Silicatfarben, Dispersionssilicatfarben, Kunstharz-Latex-Dispersionsfarben) erfüllen meist alle genannten Ansprüche. Wegen der Vielfalt der Anstrichsysteme sowie der jeweils unterschiedlichen Beschaffenheit des Fassadenuntergrunds sollten Sie sich vor dem Einkauf fachkundig beraten lassen.

1 Für sehr strapazierte Bereiche sind besonders widerstandsfähige, abrieb- und wetterfeste Anstriche notwendig. Hierfür eignen sich **lösemittelfreie Versiegelungen** aus Reinacrylat-Latex. Diese können sogar mit gummibereiften Fahrzeugen befahren oder auf verformbaren Untergründen (z.B. Holzspanplatten) eingesetzt werden.

2 Feuchtigkeitsschäden kann man vorbeugen durch das Aufbringen von wasserabweisenden **Imprägnierungen**, die tief in den Fassadenbaustoff eindringen und an seiner Oberfläche ein Abperlen des Wassers bewirken.

> **Ökotip**
> Viele Imprägnierungen enthalten in organischen Lösemitteln gelöste Silikone. Erst neuerdings gibt es wasserlösliche Silikon-Mikroemulsionen, bei denen die gesundheitsschädlichen und umweltunverträglichen Lösemittel wegfallen. Auch Anstriche sollten übrigens lösemittelfrei sein.

Materialkunde: Dichtstoffe

Dichtstoffe und Spachtelmassen

Zum Verfugen von Anschluß- und Dehnungsfugen und zum Abdichten von Rissen und Löchern verwendet man Spachtelmassen und Dichtstoffe.

Acrylatdichtstoffe schließen Risse in Wänden und Fassaden sowie Anschlußfugen unterschiedlicher Bauteile und Einbauten. Sie sind dauerhaft plasto-elastisch und anstrichverträglich. Acrylatdichtstoffe werden als preiswerte Alternative zu den hochwertigeren Silikondichtstoffen dort eingesetzt, wo stärkere Dehnungsbewegungen oder häufige Spritzwasserbelastung nicht zu erwarten sind.

1 **Silikondichtstoffe** kommen vor allem zum Schließen und Abdichten von Anschlußfugen zwischen Bauwerk und Einbauten (z.B. Fenster, Türen) zum Einsatz. Reines Silikon besitzt eine Dauerdehnfähigkeit bis zu 25 %, schrumpft nicht und haftet sicher auf den meisten Werkstoffen. Seine hervorragende Eignung zum dauerhaften Abdichten spritzwasserbelasteter Fugen macht Silikon zum unentbehrlichen Dichtstoff vor allem im Sanitärbereich.

Profitip
Bei der Verarbeitung von Silikondichtstoffen auf stark saugfähigen Werkstoffen (z.B. Putz, Holz) ist eine Grundierung mit Haftvermittler anzuraten.

2 **Bitumenkautschuk** wird zur Abdichtung und Reparatur von Anschlußfugen und Stößen zwischen Dachpappe, Bitumenschweißbahnen, Metallen und Mauerwerk verwendet. Er haftet ohne Voranstrich auch auf feuchten Flächen und bitumenhaltigen Baumaterialien, auf denen Silikonkautschuk nicht haftet.

Bitumenspachtelmasse wird bei der kleinflächigen Abdichtung und Reparatur von schadhaften Papp- und Metalldächern sowie von Bitumenabdichtungen am Mauerwerk eingesetzt.

Ökotip
In der Regel sind Bitumenspachtelmassen lösemittelhaltig und faserverstärkt. Sie sollten daher nur im Freien verarbeitet werden.

1

2

Materialkunde: Beschichtungen

Wassersperrende Beschichtungen

Überall, wo von außen Feuchtigkeit in Form von Wasser in das Mauerwerk eindringen könnte, werden bei der Bauwerksabdichtung wassersperrende Beschichtungen eingesetzt

1 Bitumenanstriche liefern eine Normalabdichtung gegen nicht drückendes Wasser. Sie sind ebenfalls geeignet, um Pappdächer abzudichten und zu reparieren oder Holz und Metalle zu schützen.

Ökotip
Wichtig ist, daß Bitumenanstriche von gesundheitsschädlichen Stoffen wie Teer, Phenol und Benzol frei und nach dem Trocknen geruchlos sind.

Bitumenkautschuk-Dickschichtanstriche bilden nach dem Austrocknen eine hoch dehnfähige »Folie«. Diese Eigenschaft zeichnet sie vor anderen handelsüblichen Bitumenanstrichen aus. Zum Abdichten von Kelleraußenwänden sind sie hervorragend geeignet. Bitumenkautschuk-Dickschichtanstriche dienen auch zur Sanierung von Dachflächen, zum Schutz von Metallen, zur Abdichtung von Bädern und Duschnischen vor dem Verlegen von Fliesen. **Bitumen-Latex-Dickbeschichtung** findet bei der Abdichtung von unverputzten und rißgefährdeten Außenmauern Verwendung. Sie wird in einem Arbeitsgang bis zu 7 mm dick aufgetragen, überbrückt Risse bis zu 2 mm und bleibt auf Dauer hochelastisch und wasserdicht.

2 Dichtungsschlämme eignet sich zur Abdichtung von Behältern (z.B. Schwimmbecken). Bei fachgerechter Verarbeitung in entsprechender Dicke verhindert sie ein Auslaufen des Wassers. Sie wird in dünner Schicht aufgetragen. Die nachträgliche Innenabdichtung von Kellern funktioniert nur mit Dichtungsschlämme. Alle Bitumenabdichtungen sind zu dampfdicht und werden durch von außen eindringendes Wasser abgedrückt.

Dichtungsschlämme wird im Werk in optimaler und güteüberwachter Zusammensetzung aus hochwertigen Bindemitteln und Zuschlagstoffen gemischt und als materialkonstanter Werktrockenmörtel gehandelt. Sie muß auf der Baustelle nur noch mit Wasser angerührt werden. Abgepackt wird sie in kleinen Säcken (10 bzw. 25 kg).

Materialkunde: Folien und Dichtungsbänder

Die Vermeidung von Tauwasserschäden hat beim vorbeugenden Feuchteschutz besondere Bedeutung.

In der Raumluft enthaltener **Wasserdampf** dringt auch durch geschlossene Werkstoffschichten wie Mauerwerk, Gipskartonplatten oder Dämmstoffe in den Wandaufbau ein. Dieses Phänomen bezeichnet man als Wasserdampfdiffusion.

An undichten Anschlußfugen von Dämmstoffen kommt es zusätzlich zum Einfließen von wasserdampfhaltiger Raumluft (Raumluft-Konvektion) in den Wandaufbau. Wird der **Taupunkt** innerhalb des Wandaufbaus unterschritten, so schlägt sich der eingedrungene Wasserdampf in Tröpfchenform nieder. Auf Dauer kommt es so zu erheblichen Feuchtigkeitsschäden.

Gegen das Einströmen von Raumluft an offenen Anschlußfugen genügt das lückenlose und luftdichte Verschließen aller Fugen und Anschlüsse.

3 Die auch durch geschlossene Baustoffe hindurch stattfindende Wasserdampfdiffusion kann jedoch nur durch das raumseitige, flächendeckende Anbringen einer **dampfbremsenden Spezialfolie** verhindert werden.

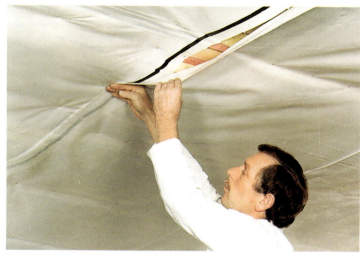

3

Heute findet man in Baumärkten und im Fachhandel gut abgestimmte, eigens für diesen Zweck entwickelte **Produktpakete**: schwerentflammbare Dampfbremsfolien mit unterschiedlichem Diffusionswiderstand. Hierbei gilt: Je größer der angegebene **sd-Wert**, um so größer ist der Widerstand der Folie gegen Wasserdampf-Durchgang.

Dampfbremsfolien werden als Rollenware in verschiedenen Breiten und Längen geliefert. Um mit Tackerklammern an der Unterkonstruktion angebrachte Folien winddicht abzuschließen, stehen spezielle **Doppelklebebänder** zur Verfügung. Für die Herstellung von winddichten Anschlußfugen zwischen Folie und Bauteilen werden imprägnierte, einseitig selbstklebende **Dichtungsbänder** verwendet, die ihr Volumen in der Anschlußfuge auf das Fünffache vergrößern. Sie sind als Rollenware erhältlich.

Materialkunde: Dämmstoffe

Dämmstoffarten und ihre Handelsformen

Alle Materialien enthalten einen mehr oder minder großen Anteil an Luft. Dieser ist z.B. bei Stein ziemlich gering, bei Kork dagegen relativ hoch. Ungedämmtes Steinmauerwerk fühlt sich deshalb kalt an, weil es die im Innenraum vorhandene Wärme schnell nach außen ableitet.

Moderne Dämmstoffe bestehen aus Materialien, die einen extrem hohen Anteil an eingeschlossener Luft besitzen. Ihre große Dämmwirkung beruht darauf, daß die in ihnen enthaltene Wärme schlecht leitet. Als wichtigste, industriell gefertigte, moderne Dämmaterialien können Polystyrol-Hartschaum, üblicherweise Styropor genannt, Mineralwolle und Blähperlit bezeichnet werden. Ihr Anteil bei der Wärme- und Schalldämmung von Gebäuden übertrifft bei weitem den Anteil an natürlichen Dämmaterialien wie Kork, Kokosfaser, Stroh oder Seegras, die ebenfalls hervorragende Dämmeigenschaften haben und mittlerweile im Handel gut und in hervorragenden Qualitäten vertreten sind.

1 Die genannten Dämmaterialien werden in verschiedenen **Formen** und **Formaten** angeboten. Bei der Auswahl des richtigen Dämmstoffs kommt es immer auf den speziellen Anwendungszweck an (z.B. Dämmung des Dachs, Dämmung von Warmwasserleitungen, Dämmung von Fußböden gegen Trittschallübertragung etc.). Die richtige Wahl entscheidet darüber, ob die gewünschte Dämmwirkung erreicht wird und ob ein fachgerechter Einbau des Dämmaterials möglich ist.

Die folgenden Ausführungen sollen Sie mit den wichtigsten **Handelsformen** von Dämmstoffen vertraut machen. Lassen Sie sich beim Einkauf zusätzlich gezielt über den richtigen Dämmstoff für Ihr Vorhaben beraten.

2 **Dämmstoffplatten** gibt es in den verschiedensten Breiten, Längen und Dicken und für die unterschiedlichsten Anwendungen. Ein gebräuchliches Plattenmaß ist beispielsweise 125 x 60 cm. Die Plattendicke nimmt normalerweise ab 20 mm aufwärts um jeweils 10 mm zu. Dämmstoffplatten gibt es für die verschiedensten Anwendungsbereiche; so unterscheidet man zwischen

Materialkunde: Dämmstoffe

Fassadendämmplatten, Dachdämmplatten, Estrich- und Trokken-Estrichdämmplatten, Schall- sowie Deckendämmplatten und vielen anderen mehr.

3 Hartschaumdämmplatten sind in verschiedenen Formen mit und ohne Falz im Handel. Dabei hat das Einstecken der Platten in den Falz der benachbarten Platten nicht nur verarbeitungstechnische Vorteile. Der Hauptvorteil liegt darin, daß durch die Überfalzung alle Plattenfugen dicht geschlossen sind und bei fachgerechtem Einbau keine Wärmebrücken entstehen.

Für bestimmte Anwendungen gibt es spezielle Formteile aus Hartschaum (z.B. Rolladenkästen, Formteile für Bade- und Duschwannen, Keile, Einbettungsplatten für Fußbodenheizungen etc.), deren große Dämmwirkung, hohe Stabilität und leichtes Gewicht besonders wirtschaftliche und einfache, aber auch handwerklich einwandfreie Anwendungen möglich machen. Hartschaumplatten sind auch als spezielle Dränplatten mit besonders hoher wasserableitender Wirkung im Handel erhältlich.

3

4

Extrudierte Polystyrol-Hartschaumplatten sind besonders druckfest und bieten einen hohen Widerstand gegen Wasserdampfdiffusion.

Sie werden dort eingesetzt, wo hohe Druckbelastungen auftreten (z.B. auf Parkdecks, bei der Perimeterdämmung) und wo hohe Feuchtigkeitswerte anfallen (z.B. Dämmung von Tierställen, Dämmung von Kellermauern).

4 Dämmstoffilze in Form von langen Matten eignen sich vor allem für eine Verlegung zwischen den Dachsparren und zwischen Lagerhölzern auf Decken. Sie sind in den verschiedensten Breiten, Längen und Dicken im Fachhandel erhältlich.

Aluminiumkaschierte Mineralfaserfilze werden überwiegend im Dachbereich zwischen den Sparren eingesetzt. Sie sind mit einer reißfesten Aluminiumfolie überzogen, an deren Randbereich sie ohne Mühe mit Takkerklammern befestigt werden können.

Die Aluminiumkaschierung hat den Vorteil, daß nach dem Einbau der Dämmstoffilze im Dachbereich die Dämmfläche nicht mit einer Folie als Dampfbremse überzogen werden muß.

Dämmstoffkörnungen bestehen in der Regel aus geblähtem Perlitgestein. Sie eignen sich hervorragend als wärme- und schalldämmende Trockenschüttungen zwischen Deckenbalken

Materialkunde: Dämmstoffe

5

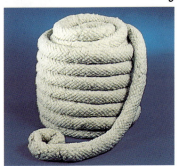

6

7

und Lagerhölzern, aber auch sehr gut zum Höhenausgleich von unebenen Decken.

Dämmstoffkörnungen werden auch zur Dämmung von zweischaligem Mauerwerk eingesetzt. Bei einer notwendigen nachträglichen Dämmung werden sie einfach durch Bohrlöcher zwischen die Mauern eingeblasen.

Verbundplatten für die Wärme- und Schalldämmung von Böden, Decken und Wänden bestehen aus einer Dämmstoffschicht (Styropor oder Mineralfaser) und einer Außenbekleidung (Gipsfaser oder Holzsparren). Sie sind meistens mit Nut und Feder ausgestattet, so daß sie bequem fugendicht verlegt werden können. Die Fugen an den Plattenkanten müssen nach der Montage überspachtelt werden. Verbundplatten haben den großen Vorteil, daß ihre Sichtfläche unmittelbar nach dem Verfugen gestrichen, tapeziert, verfliest, mit Parkett oder Teppichboden belegt werden kann.

5 Mineralfaserwolle, lose in Säcken geliefert, wird bei der Dämmung von Hohlräumen dort eingesetzt, wo der Einbau von Dämmplatten oder -filzen zu aufwendig wäre. Sie eignet sich gut für eine Stopfdämmung unter Badewannen, zum Ausstopfen von Ritzen und Fugen oder zum Dämmen von schlecht erreichbaren Hohlräumen im Dachbereich.

6 Mineralfaserzöpfe, mit Draht kreuzweise umschlungen, werden für die Dämmung von Fugen verwendet, z.B. zwischen Fensterrahmen und Wand. Der Draht hält das Material zusammen und gibt den Zöpfen die Elastizität, die für einen sicheren Halt erforderlich ist.

7 Randstreifen aus Mineralfaser werden zur schwimmenden Verlegung von Estrichen und als Balkenunterlage bei schwimmenden Holzfußböden eingesetzt. Beim Aufbringen von Estrichen dienen sie zur Dämmung des Randbereichs. Sie werden, bevor die Estrichdämmplatten ausgelegt sind, ringsum an den Rändern der Bodenfläche aufgestellt und sollten die Oberkante des Estrichs um einige Zentimeter überragen. Nachdem der Estrich aufgebracht ist, werden die überstehenden Ränder mit einem

Materialkunde: Dämmstoffe

Messer bündig abgeschnitten. Bei einer Verwendung als Balkenunterlage oder als Unterlage für Kantholzrahmen, die unter Decken oder an Wänden montiert sind, verhindern sie wirksam eine Übertragung von Schall auf anschließende Bauteile.

8 Rohrschalen eignen sich für die Dämmung von Heiß- und Kaltwasserrohren; sie verhindern zum einen wirkungsvoll das Abstrahlen von teurer Heizenergie dort, wo sie gar nicht gebraucht wird, zum Beispiel im Keller, unter Fußböden oder in den Wänden. Zum anderen bewirken sie bei Kaltwasserrohren, daß sich an deren Außenseiten kein Schwitzwasser bilden kann. Sie sind in Hartschaum und in Mineralfaser im Handel erhältlich und haben die unterschiedlichsten, auf alle gängigen Rohrdurchmesser angepaßten Stärken.

Damit sie noch besser dämmen, werden Rohrschalen mit Aluminiumfolie umwickelt oder mit Kunststoffschalen umgeben. Damit ihre Längsschlitze dicht geschlossen sind, müssen die Rohrschalen fest mit Draht umwickelt werden. Diesen Arbeitsgang kann man sich sparen, wenn man aluminiumkaschierte Rohrschalen verwendet. Sie sind nämlich mit einem überstehenden Kleberand ausgestattet, der das Verschließen wesentlich erleichtert.

8

Sicherheitstip
Tragen Sie bei allen Arbeiten mit Dämmstoffen aus Mineralfaser dichtschließende Kleidung sowie eine Feinstaubmaske.

Materialkunde: Eigenschaften der Dämmstoffe

Eigenschaften der Dämmstoffe

Für eine optimale Wärme- und Schalldämmung bei gleichzeitiger langer Haltbarkeit und möglichst einfachen, jedoch immer fachgerechten Verarbeitungsmöglichkeiten sollte der von Ihnen gewählte, zweckgebundene Dämmstoff folgende wichtige Eigenschaften besitzen:

1 Hoher Wärmedämmwert wird durch einen hohen Wärmedurchlaßwiderstand und geringe Wärmeleitfähigkeit erreicht. Bei den verschiedenen Dämmstoffarten müssen Sie auch unterschiedliche Dämmwerte einkalkulieren.

Um ein objektives Maß zu erhalten, wurden die Dämmstoffe in **»Wärmeleitfähigkeitsgruppen«** eingeteilt. Die Bezeichnung der Wärmeleitfähigkeitsgruppen (z.B. 040 oder 035) ist auf dem Beipackzettel der Plattenbündel aufgedruckt. Hier finden Sie auch andere wichtige Angaben, wie etwa das Liefermaß, die Nenndicke, das Brandverhalten und die Prüfstelle.

Für die richtige Auswahl Ihres Dämmstoffs bedeutet die Angabe der Wärmeleitfähigkeitsgruppe: Je geringer der angegebene Wert, desto größer ist die Dämmwirkung des Materials. Dabei ist die wirkliche Dämmwirkung jedoch abhängig von der Schichtdicke des Dämmstoffs: Je dicker die Dämmstoffschicht, um so größer ist die Dämmwirkung. Dies bedeutet für die Praxis, daß für die Erzielung einer gleich großen Dämmwirkung die Schicht eines Dämmstoffs der Wärmeleitfähigkeitsgruppe 040 viel dicker sein muß als die Schicht eines Dämmstoffs der Wärmeleitfähigkeitsgruppe 035.

2 Hohe Schallschutzeigenschaften werden durch eine entsprechende Beschaffenheit und Verarbeitung des Dämmaterials bewirkt. Hier ist es wichtig, zwischen reinen Wärmedämmplatten und speziellen Schalldämmplatten zu unterscheiden, die zusätzlich eine mehr oder weniger gute Wärmedämmung ermöglichen. Normale Wärmedämmplatten eignen sich nicht für den Trittschallschutz. Hierfür wählen Sie spezielle Trittschalldämmplatten.

3 Optimaler Brandschutz kann nur durch den Einbau nichtbrennbarer Dämmstoffe erreicht

Materialkunde: Eigenschaften der Dämmstoffe

werden. Auf dem Beipackzettel von Dämmaterialien finden Sie die Angabe des Brandverhaltens nach DIN 4102.
Die Baustoffe werden hierbei in nicht brennbare und in brennbare Materialien unterteilt.

Mineralfaserdämmstoffe sind in den meisten Lieferformen nicht brennbar. Dämmplatten aus Polystyrol-Hartschaum gehören der Gruppe der brennbaren Baustoffe an, sie sind nach DIN 4102 der Baustoffklasse »B 1 = schwer entflammbar« zugeordnet. Polystyrol-Hartschaum ist ab etwa 100 Grad Celsius nicht mehr hitzebeständig, während Mineralfaser und Steinwolle überhaupt nicht brennbar sind, sondern bei extrem hohen Temperaturen (1000 Grad Celsius) lediglich schmelzen.

4 Diffusionsoffene Dämmstoffe leiten auftretenden Wasserdampf schnell ab. Baufeuchte oder feuchte Luft aus dem Gebäudeinneren können ohne weiteres durch die Dämmschicht hindurchdiffundieren. Das Dämmaterial wird durch die Kondensation nicht durchfeuchtet. Die Dämmplatten quellen nicht auf, und die Hinterlüftung bleibt in jedem Fall erhalten.

5 Dauerhaft wasserabweisende Eigenschaften über den gesamten Plattenquerschnitt verhindern eine Durchfeuchtung der Platten bereits während der Montage.
Von großem Nutzen sind sie bei schadhaften Fassadenbekleidungen und Dächern sowie bei offenfugig angebrachten Fassadenbekleidungen.

6 Formstabilität sollte ein weiteres wichtiges Merkmal des von Ihnen bevorzugten Dämmstoffs sein. Sie wird erreicht durch die innere Struktur der Dämmstoffplatten, wenn die Fasern nicht wie bei Mineralwolle in Schichten angeordnet, sondern »verwirbelt« sind.

Bei der Verarbeitung und auch dauerhaft nach dem Einbau bleiben formstabile Dämmstoffe flexibel und lassen sich zusammendrücken. Dies ist ein wichtiger Vorteil beispielsweise dann, wenn der Dämmstoff ohne weitere Befestigung einfach zwischen die Latten der Unterkonstruktion eingeklemmt wird. Die Formstabilität trägt entscheidend

4

5

Materialkunde: Eigenschaften der Dämmstoffe

dazu bei, eine wirksame Hinterlüftung zu erhalten.

Elastizität und Maßhaltigkeit garantieren ein fugendichtes Einpassen innerhalb der Unterkonstruktion. Nur hierdurch ist eine sichere Vermeidung von Wärme- oder Schallbrücken gewährleistet.

Extra gleichbleibendes Plattenformat bei allen Platten einer Größe ist eine der wichtigsten Voraussetzung dafür, daß im Verband verlegte Platten auf der gesamten Fläche bündig gestoßen und fugendicht eingebaut werden können.

Straff federnder Sitz ist eine wichtige Voraussetzung für die sichere Verarbeitung und den fachgerechten Einbau. Er muß gewährleistet sein, wenn die Dämmstoffplatten mit Dämmstoffhaltern mechanisch befestigt oder auf Kantholzkonstruktionen gedübelt werden.

Beeinträchtigt wird der straff federnde Sitz durch unsachgemäße Verarbeitung, wenn beim Bohren, Dübeln oder Anbringen von Mauerwerksverankerungen die Platten ausfransen oder die vorbereiteten Löcher Trichter bilden.

7 Exaktes Einpassen der Dämmstoffe ist nur dann möglich, wenn sich die Platten problemlos schneiden lassen. Die Schnittkante darf dabei auf keinen Fall ausfransen. Der Dämmstoff darf bei der Bearbeitung nicht einreißen, die Struktur des Dämmmaterials darf ein freies Zuschneiden nicht behindern.

Profitip
In Heimwerkermärkten und im Baustoffhandel finden Sie die unterschiedlichsten Dämmstoffe, die die genannten Eigenschaften in mehr oder minder großem Maße aufweisen. Lassen Sie sich gezielt in Bezug auf Ihr Dämmverhalten beraten, und prüfen Sie sorgfältig Materialangebot und Kosten bei den verschiedenen Baustoffhändlern, bevor Sie sich zum Kauf entscheiden. Denn nur der richtige Dämmstoff garantiert die von Ihnen gewünschte hohe Wärme- und Schalldämmung.

Materialkunde: Umgang mit Mineralfaser

Wichtige Tips für den Umgang mit Mineralfaser

Dämmstoffe aus Mineralfaser sind, beachtet man einige **Sicherheitsvorkehrungen** bei der Verarbeitung, ein idealer Dämmstoff: preiswert, von höchster Dämmwirkung und gleichzeitig vielseitig und einfach einzubauen. Aber jeder, der schon einmal mit Mineralfaser gearbeitet hat, erinnert sich auch daran, daß damit immer ein unangenehmes Jucken auf der Haut verbunden war oder durch Mineralfaserstaub die Augen brannten.

Dämmstoffe aus Mineralfaser sind in den letzten Jahren ins Kreuzfeuer öffentlicher Kritik geraten. Es wird vermutet, daß von ihnen – ähnlich wie bei Asbest – Gefahren für die Gesundheit ausgehen könnten.
Tatsächlich ist in Tierversuchen in den USA die krebsauslösende Wirkung von Mineralfaserstaub nachgewiesen worden. Um allen Schadensersatzansprüchen vorzubeugen, weisen die Mineralfaserhersteller nun selbst auf Sicherheitsvorkehrungen hin, die beim Einbau und Ausbau von Mineralfaserdämmstoffen das Ein-

atmen feinster Mineralfaserstäube verhindern sollen:
● Mineralfaserdämmstoffe sollten nach dem Transport in ihrer Verpackung gelagert bleiben. Die Verpackung sollte erst an der Einbaustelle und nur unmittelbar vor dem Einbau geöffnet werden. Das Dämmaterial sollte nicht geworfen, sondern in der geschlossenen Verpackung transportiert werden.
● Dämmstoffe aus Mineralfaser sollten nur mit einem scharfen Messer auf fester Unterlage oder mit der Schere geschnitten werden. Beim Einsatz von elektrischen Sägen entstehen hohe Konzentrationen von Mineralfaserstaub, deshalb sind sie für den Zuschnitt nicht zu empfehlen.
● Sorgen Sie am Arbeitsplatz für gute Durchlüftung und vermeiden Sie das Aufwirbeln von Staub.
● Der Arbeitsplatz sollte sauber gehalten, Verschnitte und Anfälle sofort in Plastiksäcken oder Tonnen gesammelt werden.
● Am Arbeitsplatz sollte nicht gekehrt, sondern nur gesaugt werden. Hierbei sind baumustergeprüfte Staubsauger der Kategorie C zu verwenden.

● Kinder dürfen nicht mit Mineralfaserdämmstoffen spielen. Sie sollten nicht beim Einbau von Mineralfaserdämmstoffen anwesend sein.
● Bei der Verarbeitung, beim Einbau und Abbau sollten locker sitzende, jedoch geschlossene Arbeitskleider und Schutzhandschuhe getragen werden.
● Zum Schutz der Augen ist eine Schutzbrille angeraten. Bei allen Arbeiten mit Mineralfaser ist eine Feinstaubmaske P2 als Schutz zu empfehlen.
● Auf alle offenen Hautpartien (Gesicht) sollte man fettende, gerbstoffhaltige Schutzcreme auftragen.
● Nach Beendigung der Arbeiten sind umgehend die Arbeitskleidung abzulegen, zu duschen und die Haare zu waschen.
Alle diese Maßnahmen helfen, beim Einbau oder bei der Demontage von Dämmstoffen aus Mineralfaser Gesundheitsschäden zu vermeiden. Unmittelbar nach dem Einbau sollten die gedämmten Flächen mit PE-Folie, Dampfbremse, Winddichtung oder Rieselschutzlage ummantelt werden.

Werkzeugkunde

Die wichtigsten Werkzeuge

Auf diesen beiden Seiten finden Sie Kurzbeschreibungen der wichtigsten Werkzeuge, die Sie zum Isolieren und Dämmen benötigen. Welche Werkzeuge Sie für einzelne Arbeitsanleitungen brauchen, ersehen Sie aus den Abbildungen unter der Rubrik »Werkzeug«, die Sie bei allen Arbeitsanleitungen finden.

Werkzeuge zum Messen

1 **Zollstock:** Universalwerkzeug für jeden Haushalt.
2 **Bandmaß:** Zum Messen großer Abstände, z.B. die Diagonalen von Wänden und Decken.
3 **Richtscheit:** Zum Messen der Höhendifferenzen innerhalb der Verlegefläche.
4 **Schlauchwaage:** Zum Messen und Anzeichnen von Höhen über größere Entfernungen; bei Deckenabhängungen, Trockenschüttungen.
5 **Wasserwaage:** Mit ihr können Sie waagerechtes und senkrechtes Einmessen von Lattung und Verkleidung vornehmen.
6 **Senklot:** Geeignet zum Bestimmen vertikal übereinanderliegender Punkte.
7 **Winkelmaß:** Zum Anzeichnen rechter Winkel.
8 **Schmiege:** Bestens geeignet zur Übertragung von Winkeln.

Werkzeuge zum Sägen und Schneiden

9 **Tischlersäge:** Zum Sägen von Profilholz.
10 **Fuchsschwanz:** Eignet sich zum Sägen von Dämmstoffen, Kanthölzern und Platten.

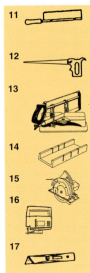

11 **Feinsäge:** Zum Anlängen von Leisten und Latten sowie zum Einschneiden von Profilbrettern etc.
12 **Lochsäge:** Zum Ausschneiden von Löchern in Dämmstoff- und Holz-Spanplatten gut geeignet.
13 **Gehrungssäge:** Um beim Sägen Winkel exakt einhalten zu können, sind feststellbare Gehrungssägen recht nützlich.
14 **Gehrungslade:** Sie ist notwendig zum Führen von Sägen im Winkel von 45 und 90 Grad.
15 **Handkreissäge:** Zum Ablängen und Besäumen von Trockenestrichelementen.
16 **Stichsäge:** Elektrische Stichsägen werden zum Ausschneiden von Löchern in Brettern und Platten benutzt.
17 **Teppichbodenmesser:** Zum Schneiden von Folien und dünnen Dämmstoffplatten, Gipskarton- und Gipsfaserplatten.

Werkzeuge zum Befestigen

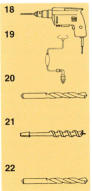

18 **Elektrobohrmaschine:** Geeignet zum Bohren von Löchern in Holz.
19 **Bohrwinde:** Sie eignet sich hervorragend zum Bohren von Löchern in hartes und weiches Holz.
20 **Steinbohrer:** Zum Bohren von Dübellöchern in Wände und Decken aus Stein, Beton und anderen harten Materialien.
21 **Holzbohrer:** Zum Bohren von Löchern in Holz. Holzbohrer mit Zentrierspitze lassen sich sehr gut führen.
22 **Metallbohrer:** Praktisch zum Bohren von Löchern in Metallschienen (Aluprofile).

Werkzeugkunde

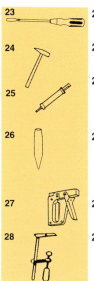

23 **Schraubenzieher:** Ist für verschiedene Schraubengrößen im Handel erhältlich.

24 **Hammer:** Ein Universalwerkzeug, das in keinem Haushalt fehlen sollte.

25 **Nagelhalter** (Auch Hobby-Nagler): Zum exakten Führen von Nägeln geeignet. Sogenannte Hobby-Nagler haben ein Führungsprofil und Zielmagnete.

26 **Versenkstift:** Zum Versenken von Nägeln, die nur leicht unter die Holzoberfläche getrieben werden sollen, und zur Vermeidung von Beschädigungen des Holzes beim Nageln mit kleinen Nägeln.

27 **Tacker:** Zum mühelosen Befestigen von Folien bestens geeignet.

28 **Schraubzwinge:** Häufig werden beim Sägen oder Befestigen von Profilbrettern Schraubzwingen eingesetzt. Achten Sie darauf, sie nicht zu fest anzuziehen.

Werkzeuge für die Holzbearbeitung

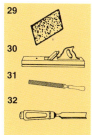

29 **Schleifpapier:** In verschiedenen Körnungen im Handel erhältlich.

30 **Hobel:** Vielfach verwendbar; zum Abrichten von mit der Säge besäumten Profilbrettern, zum Abhobeln von Nuten und Federn.

31 **Holzraspel:** Zum Abschrägen von Tropfkanten.

32 **Stechbeitel:** Zum Einstemmen von Zapfenlöchern und zum Ausstemmen von Löchern aus Profilbrettern und Paneelen.

Werkzeuge zur Oberflächenbehandlung

33 **Lackierpinsel:** Zum Auftragen von Lacken jeglicher Art.

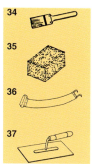

34 **Lasurpinsel:** Dieser Pinsel muß nicht die gleiche Qualität wie ein Lackierpinsel aufweisen.

35 **Schwamm:** Er ist nützlich zum Egalisieren von überschüssiger Beize auf der Holzoberfläche und zum Säubern von Bohrlöchern.

36 **Abziehlehre:** Zum Glätten verschiedener Oberflächen; z.B. Dämmstoffkörnung, Zementestrich etc.

37 **Stahlglätter:** Wird benötigt zum Glätten von ebenen Mörteloberflächen (Verputze, Estriche).

Werkzeuge für die Vorarbeiten

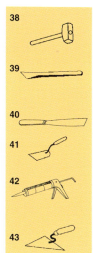

38 **Fäustel:** Er ist immer dort vonnöten, wo grobe Vorarbeiten anfallen (z.B. Entfernen von Mörtelresten, Durchbrechen einer Mauer etc.).

39 **Meißel:** Zum Entfernen von Mörtelresten auf dem Unterboden, bevor Sie die Dämmschicht verlegen.

40 **Spachtel:** Zum Auftragen und Glätten von Spachtelmasse.

41 **Maurerkelle:** Bei vielen Vorarbeiten, insbesondere bei Estricharbeiten, benötigen Sie die Maurerkelle.

42 **Auspreßpistole:** Zum Auspressen dauerelastischer Kitte (z.B. Silikonkautschuk), beim Abdichten von Fußbodenrändern und Dehnungsfugen geeignet.

43 **Mörtelkelle:** Zum Auftragen von Fertig- und Reparaturmörtel.

27

Grundkurs: Risse und Putzschäden ausbessern

Risse und Putzschäden beseitigen

1

2

3

Risse und Putzschäden sollten Sie nach Möglichkeit beseitigen, bevor Sie die Dämmstoffe anbringen. Unerläßlich ist diese Maßnahme, bevor man Bitumen- oder Imprägnieranstriche aufträgt.

Die Risse sollten zunächst mit einer Drahtbürste von losem Putzmaterial gereinigt werden. Als Füll- oder Spachtelmasse eignen sich moderne, fertig gemischte Reparaturmörtel ebenso wie Zement- oder Gipsputz. Für Risse kann man Schnellmörtel verwenden, während für flächige Putzschäden nur ein Mörtel mit längerer offener Zeit in Betracht kommt.
Eine der wichtigsten Voraussetzungen ist, daß man die Reparaturstelle vorher gründlich mit Wasser vornäßt.

Fugen von Fertigteildecken sowie **Risse** und **Leitungsschlitze** an Decken schließen Sie am besten mit schnell abbindendem Reparaturmörtel.

1 Nach dem Vornässen mit einem Pinsel wird die Mörtelmasse mit der Kelle aufgetragen und mit dem Reibebrett gut verdichtet.

2 Um einen bündigen Fugenverschluß zu erreichen, wird die Masse anschließend mit dem Stahlglätter abgezogen.

Auch das Ausbessern von Putzausbrüchen an einer **Fensterbank** läßt sich mit Reparaturmörtel leicht bewerkstelligen.

3 Nachdem Sie den Untergrund gut vorgenäßt haben, wird der Mörtel mit der Kelle aufgetragen.

4 Verdichten Sie den Mörtel in allen Hohlräumen gründlich.
Wenn er angezogen hat, kann er mit dem Stahlglätter abgezogen werden. Hierbei arbeitet man am besten von der frisch verputzten Fläche nach deren Rändern hin. Eventuelle Fehlstellen ergänzt man, indem weiterer Mörtel mit dem Glätter aufgetragen wird.

4

Grundkurs: Abwasserleitungen ummauern

Abwasserleitungen ummauern

Nicht selten stellt man vor Beginn der geplanten Dämmaßnahmen fest, daß noch Wasser-, Abwasser- oder Stromleitungen eingezogen werden müssen. Wenn Sie auf diesen handwerklichen Gebieten nicht über gute Kenntnisse verfügen, so ist es besser, diese Arbeiten dem Fachmann zu überlassen oder in Zusammenarbeit mit ihm zu erledigen.

1 Abwasserleitungen können nur auf Rohbauböden eingemauert werden, die eine feste Standfläche bieten, also nicht über Holzdecken oder auf schon verlegten Bodenbelägen wie beispielsweise Fliesen.

Ziehen Sie sich zuerst genau senkrechte **Begrenzungslinien** für Ihr kleines Mauerwerk zu beiden Seiten der Abwasserleitung, und setzen Sie dann die ersten Steine. Am zweckmäßigsten verwenden Sie **Kalksandsteine** oder auch **Porenbetonsteine**, die sich sehr gut bearbeiten lassen. Als Mörtel nehmen Sie einen Kalkzementmörtel oder einen angemischten Reparaturmörtel.

2 Setzen Sie die Steine im **Verband**, so daß die Stoßfugen nicht übereinanderstehen. Durch leichtes Anstoßen mit der Kelle geben Sie den Steinen ihren exakt senkrechten Sitz.

Nachdem Sie das Mauerwerk etwa einen halben Meter in die Höhe geführt haben, füllen Sie den Zwischenraum zwischen Steinen und Abwasserleitungen mit Dämmstoffkörnung. Nach jedem weiteren halben Meter verfahren Sie in gleicher Weise.

3 Mit Kalkzement- oder Gipsputz bzw. Reparaturmörtel zu verputzen ist einfach, wenn Sie an der Ecke der Mauer eine **Dachlatte** anschlagen.

4 Zum Schluß ebnen Sie den Putz mit einem Reibebrett und glätten ihn mit dem Stahlglätter.

1

2

3

4

Grundkurs: Betonböden ausgleichen

Unebene Betonböden ausgleichen

Gut isolierte Fußböden tragen erheblich zu einem behaglichen Raumklima bei und vermindern deutlich die Heizkosten. Bodenbeläge wie Teppichböden, Fliesenbelag oder Parkett, können nur dann fachgerecht verlegt werden, wenn ein ebener Unterboden vorhanden ist, wie man ihn nicht immer in Alt- und selten genug in Neubauten antrifft.

Da der Höhenausgleich normalerweise nicht innerhalb der Dämmschicht erfolgen kann, ist es oft notwendig, den Unterboden vor dem Verlegen der Dämmplatten auszugleichen.

Als **Richtmaße** für Oberflächen, auf denen Bodenbeläge verklebt werden sollen, können folgende Meßwerte angenommen werden: Zwei Abstandspunkte in 10 cm Entfernung sollten Höhenunterschiede von maximal 1 mm aufweisen, während bei einem Meßpunktestand von 4 m Höhendifferenzen von mehr als 20 mm nicht mehr akzeptabel sind.
Überschreiten die Meßergebnisse die angegebenen Werte, so sollte unbedingt ein Höhenausgleich erfolgen.
Unebenheiten des Bodens werfen auch dann Probleme auf, wenn Sie den Boden mit Hilfe einer Konstruktion aus **Lagerhölzern** dämmen wollen. Sie müssen die Lagerhölzer an möglichst vielen Stellen mit Keilen unterlegen. Eine flächige Auflage der Lagerhölzer auf schalldämmenden Dämmstoffstreifen ist folglich nicht mehr gewährleistet.

Die einfachste Lösung bietet auch hier ein Ausgleich des eigentlichen Unterbodens.

Betonböden auszugleichen war bisher oft eine schwierige und sehr zeitraubende Angelegenheit. Heute jedoch gibt es für diesen Zweck selbstverlaufende **Ausgleichsmassen**, die mit Wasser angerührt und auf dem Boden ausgegossen von selbst zu einer druckfesten und exakt planebenen Oberfläche verlaufen.

Das Material ist für Beschichtungen bis zu 10 mm Höhe bereits fertig gemischt. Bei Schichtdicken zwischen 10 und 20 mm sollte man Sand in den Körnungen 0 bis 4 mm in das mit Wasser angemachte Pulver einrühren. Das Mischungsverhältnis beträgt etwa 1 Teil Pulver zu 1 Teil Sand (Raumteile). Bei vorgesehenen Beschichtungen bis 30 mm Dicke wird in den Mörtel Feinkies (Körnung 0 bis 8 mm) im Mischungsverhältnis 1 (Pulver) zu 2 (Kies) eingerührt.

1 Bevor Sie die Ausgleichsmasse aufbringen, wird der Boden grundiert. Hierzu eignet sich im allgemeinen eine **Grundierung**

Grundkurs: Betonböden ausgleichen

mit Mörtelverbesserer auf der Basis von Kunststoffdispersion, die Sie mit Wasser verdünnen und auf dem Unterboden verteilen.

Stark saugende Unterböden (Befeuchtungsprobe machen!) erfordern den Auftrag einer **Haftschlämme** aus streichfertig gemachtem Fließestrich, der in einer Dicke von nicht mehr als 2 mm mit einer Deckenbürste auf den Unterboden aufgetragen wird. Haftschlämme und Grundierung müssen vor dem Einbringen des Fließestrichs vollkommen getrocknet und ausgehärtet sein. Verteilen Sie die ausgegossene Grundierung gleichmäßig auf der Bodenfläche mit einem Besen.

Auch die Ränder der Bodenfläche müssen sorgfältig grundiert werden.

Wenn die Grundierung ausgetrocknet ist, wird das zementhaltige, kunststoffvergütete Pulver im angegebenen Verhältnis mit Wasser angemischt.

2 Die Konsistenz der angemachten Estrichmischung ist richtig, wenn sie nach dem Ausgießen auf dem Boden leicht verfließt. Wenn Sie noch mal etwas Wasser oder Pulver dazugeben, müssen Sie die Masse sorgfältig durchrühren.

Profitip
Zum Anrühren eignet sich am besten ein sogenannter Flügel- oder Korbrührer, der einfach in die Bohrmaschine eingespannt wird. Nach einer Reifezeit von etwa fünf Minuten wird nochmals kräftig durchgerührt.

3 Nach dem Ausgießen sollte der Estrich durch leichtes Verteilen mit der Glättkelle in die Waage »fließen«.

4 Gießen Sie nun die Mischung gleichmäßig auf der gesamten Bodenfläche aus.

5 Damit die Estrichmischung sich schön gleichmäßig verteilt, helfen Sie mit der Glättkelle etwas nach. Die Ausgleichsmasse fließt von selbst »in die Waage«. Beachten Sie beim Verarbeiten unbedingt die vom Hersteller angegebene offene Zeit.

3

4

5

Grundkurs: Außenwände imprägnieren

Außenwände imprägnieren

1

2

Bei mehr als 180 Regentagen im Jahr und zusätzlich vielen Tagen mit Frost und Schnee wird das Mauerwerk unserer Häuser ständig feucht. **Feuchtigkeit** aber ist ein wesentlicher Faktor für eine größere Wärmeleitfähigkeit des Mauerwerks. Je feuchter eine Mauer wird, um so eher gibt sie die Wärme der Innenräume an die Umwelt ab und läßt Kälte ins Haus hinein.

Wenn die Außenmauern Ihres Hauses nicht durch konstruktive Maßnahmen (z.B. weiten Dachüberstand) oder wasserabweisende Anstriche vor Regen, Eis und Schnee geschützt sind, so bietet sich ein **Imprägnieranstrich** an.

Moderne Silikonharz-Imprägnierungen dringen tief in saugfähige Untergründe ein, sie machen die Wand wasserabweisend und erhalten dennoch ihre Dampfdurchlässigkeit.

Vor dem Aufbringen der Imprägnierung sollte die Mauer wenigstens einigermaßen trocken sein.

Bevor Sie mit dem Sprühen oder dem Anstrich der Imprägnierung beginnen, reiben Sie die Mauer gründlich mit einer Bürste ab. Vorher schon sollten Sie Fenster und Türen sowie Pflanzen und Erdreich am Fuß der Außenmauern mit Kunststoffolie abdecken. Spritzer entfernen Sie am besten sofort mit Testbenzin.

1 Die Imprägnierung wird unverdünnt verwendet. Rechnen Sie bei stark saugenden Untergründen mit einem Verbrauch von etwa 0,5 l/m³ für den ersten Anstrich und etwa 0,3 l/m³ für den zweiten Anstrich. Die Imprägnierung kann einfach mit einer Gartenspritze auf die Mauer gesprüht werden.

2 Bei kleineren Flächen tragen Sie die Imprägnierung mit einem Quast bis zur Sättigung des Untergrunds auf, und vermeiden Sie dabei, daß der Anstrich einen Film bildet. Überschüssige Flüssigkeit entfernen Sie, bevor sie antrocknet, mit einem Tuch.

Bleibt die Mauer weiter saugfähig, so können Sie die Imprägnierung mehrmals hintereinander in kurzen Abständen auftragen. Den Quast waschen Sie anschließend mit Terpentin aus.

Grundkurs: Haussockel isolieren

Haussockel isolieren

An den Sockelmauern von Häusern, wo Oberflächenwasser, Schlagregen, Spritzwasser und häufiger Bodenfrost anfallen, ist eine sichere Isolierung gegen das Eindringen von Feuchtigkeit besonders wichtig.

Dabei betreffen die Feuchtigkeitsschäden im Bereich der Sockelzone nicht nur den Sockel selbst, sondern breiten sich über eindringendes Wasser nach unten in die Kellermauern und nach oben in das aufgehende Mauerwerk aus.

Für die farbige **Versiegelung** von Haussockeln sollte man einen besonders abriebfesten und wetterbeständigen Anstrich wählen, wie er beispielsweise in Form von lösemittelfreien Reinacrylat-Latex-Anstrichen vorliegt.

Bevor man mit dem Auftragen des Anstrichs beginnen kann, ist der **Untergrund** vorzubereiten; für einen haltbaren Anstrich muß er eben, tragfähig, rißfrei, sauber und trocken sein. Ausbesserungen können mit schnellhärtendem Reparaturmörtel vorgenommen werden. Entfernen Sie auch alte, nicht festsitzende Anstriche.

Profitip
Ein Heißwasser-Hochdruckgerät ist beim Entfernen der alten Anstriche sehr nützlich.

Nach dem vollständigen Austrocknen der Sockelzone bürsten Sie den gesamten Sockel sorgfältig mit einer harten Bürste ab. Nun muß der Untergrund mit einer anstrichverträglichen **Grundierung** vorgestrichen werden.

1 Reinacrylat-Latex-Anstriche lassen sich auf großen Flächen am besten mit einem breiten Pinsel oder dem Quast auftragen. Tragen Sie den **ersten deckenden Anstrich** wie einen Lack auf, und egalisieren Sie durch Verstreichen in zwei Richtungen.

2 Schützen Sie dabei auch die **Unterkante** einer eventuellen Klinkerverblendung mit dieser Versiegelung. Verwenden Sie für schwer zugängliche Bereiche einen schmäleren Borstenpinsel.

3 Reinacrylat-Latex-Anstriche trocknen innerhalb kurzer Zeit (maximal 3 Stunden). Nach dem Trocknen tragen Sie den **zweiten Deckanstrich** auf.

1

2

3

33

Grundkurs: Balkon abdichten

Balkon abdichten

1

2

3

4

Viele Balkone werden durch den Einfluß von Wind, Regen und Sonne mit der Zeit undicht. Das auftretende Regenwasser kann ungehindert in den porösen Untergrund eindringen. Hier kann durch eine Versiegelung mit einem Reinacrylat-Latex-Anstrich leicht Abhilfe geschaffen werden. Diese Isoliermaßnahme erfordert jedoch einige **Vorarbeiten**.

Nach dem sorgfältigen Reinigen der Grundfläche (eventuell mit dem Hochdruckreiniger) führen Sie zunächst alle notwendigen **Reparaturarbeiten** aus. Schließen Sie dabei auch eventuelle Risse und Abplatzungen, und bilden Sie an den Randbereichen der Balkonfläche mit Zementmörtel eine Hohlkehle aus. Wichtig ist auch die restlose Entfernung alter Anstriche. Hiernach kehren Sie den Balkon sorgfältig ab. Ist ein funktionierender Wasserabfluß nicht vorhanden, so sollte auch dieser vor dem Auftragen des Anstrichs ausgeführt werden.

1 Für die **Versiegelung** mit einem Reinacrylat-Latex-Anstrich muß die Estrichoberfläche eben, tragfähig, sauber, rißfrei und trocken

34

Grundkurs: Balkon abdichten

5

6

7

sein. Bei neuen Estrichen muß zunächst die Zementhaut abgelöst werden.

Profitip
Am einfachsten löst sich die Zementhaut, wenn Sie den Estrich mit Wasser benetzen.

2 Scheuern Sie die Zementhaut danach gründlich mit einem **Stahlbesen** ab. Für die Ränder und Ecken der Estrichoberfläche benutzen Sie dabei besser eine Stahlbürste.

3 Den entstandenen Schlamm ziehen Sie dann mit einem **Gummischaber** ab. Nach dem mehrmaligen Abspülen mit Wasser sind auch die letzten Schlammreste entfernt. Bevor Sie mit dem Grundieren der Fläche beginnen, sollte der Estrich vollkommen trocken sein.

4 Auf allen porösen Untergründen hat die nachfolgende **Grundierung** den Sinn, die Haftung des Anstrichs auf dem Estrich zu verbessern sowie dessen Abriebfestigkeit zu erhöhen. Nur aufeinander abgestimmte Produkte führen zu einem wirklich guten Ergebnis. Nehmen Sie deshalb die Grundierung mit dem vom Hersteller der Versiegelung angegebenen Produkt vor.

5 Die **Versiegelung der Ränder** nehmen Sie am besten mit dem Pinsel vor.

6 Auf der Bodenfläche arbeiten Sie jedoch mit dem **Quast** oder einem breiten Pinsel, um ein besseres Resultat als mit der Rolle zu erzielen.

Reinacrylat-Latex-Anstriche trocknen schnell. Schon nach einigen Stunden kann der **zweite deckende Anstrich** ausgeführt werden. Auch dieser Anstrich ist schon nach wenigen Stunden begehbar.

7 Um das Eindringen von Feuchtigkeit in die offenen Randfugen zu verhindern, verfugen Sie diese zum Schluß mit einem **Silikondichtstoff**, der sich einfach aus der Auspreßpistole verarbeiten läßt.

35

Grundkurs: Duschecke isolieren

Duschecke isolieren

Beim Einbau von Bädern und Duschecken werden heute meist Wandbaustoffe aus Gipsbau-, Gipsfaser- oder Spanplatten eingesetzt. Selbst bei fachgerechter Ausführung kommt es im Laufe der Zeit oft zu **Undichtigkeiten** an der Fliesenverfugung und an Anschlußfugen. Einer dauernden Befeuchtung durch eindringendes Wasser sind die eingesetzten wasserabweisenden Plattenbaustoffe jedoch nicht gewachsen. Aus diesem Grund müssen sie vor dem Verfliesen dauerhaft abgedichtet werden.

Da Plattenbaustoffe besonders starker Materialdehnung unterliegen und im Duschbereich enorme Temperaturschwankungen auftreten, kommen zur Abdichtung nur dauerelastische und wärmebeständige **Bitumenkautschuk-Anstriche** (sogenannte Schutzfolien) in Frage, die eine nachfolgende Beklebung mit Fliesen nicht abstoßen.

Profitip
Zur größeren Sicherheit müssen alle Plattenstöße mit geeigneten Dichtungsbändern überbrückt werden.

Folgende **Vorarbeiten** müssen ausgeführt werden: Zur **Entstaubung** der Untergründe verwenden Sie am besten einen leistungsfähigen Staubsauger.

1 Tragen Sie auf stark saugende Untergründe zunächst eine **Grundierung** mit verdünntem Bitumenkautschuk-Anstrich auf. Danach rollen Sie für die **erste Deckschicht** den Anstrich unverdünnt auf die großen Flächen auf. Mit einem Pinsel streichen Sie damit besonders sorgfältig die Anschlußstellen zwischen den einzelnen Bauplatten sowie auch alle Kanten und Ecken.

2 Hiernach betten Sie an allen Ecken das **Dichtungsband** in die frische Anstrichmasse ein. Zum Andrücken des Dichtungsbands und für das anschließende Überstreichen verwenden Sie wieder den Pinsel.

3 Besonders sorgfältig sollte das Dichtungsband auch an den Plattenstößen in der Fläche eingelegt werden.
Nach der vom Hersteller angegebenen Trocknungszeit bringen Sie dann den **zweiten Anstrich** auf.

Grundkurs: Kellermauern isolieren

Fundament und Kellermauern isolieren

Zur Vorbeugung von schwerwiegenden Feuchtigkeitsschäden werden heute die Fundament- und Kellermauern von Neubauten grundsätzlich mit einem wasserundurchlässigen Isolieranstrich geschützt. Hierfür verwendet man in der Regel **Bitumenanstriche**.

Die Isolierung mit einem Bitumenanstrich kann immer nur auf tragfähigen, rißfreien, ebenen und trockenen Untergründen erfolgen.

Vor dem Anbringen des Bitumenanstrichs muß unbedingt das **Austrocknen** der bei Neubauten aufgebrachten Dichtungsschlämme bzw. bei Altbauten des Verputzes abgewartet werden.

1 Tragen Sie den Bitumenanstrich zunächst als **Grundierung** mit Wasser verdünnt auf. Besonders sorgfältig sollten Sie dabei die Fundamentkante bearbeiten.

2 Beachten Sie die vom Hersteller vorgeschriebene Trocknungszeit, und tragen Sie dann **zwei Deckanstriche** (unverdünnt) satt auf alle Flächen auf. Hierzu verwenden Sie am besten Pinsel und Quast. Alle Ecken oder Kanten sollten sorgfältig gestrichen werden.

3 Bevor der Bitumenanstrich nicht ausgetrocknet ist, können in der Baugrube keine weiteren Arbeiten, auch nicht das Verfüllen, durchgeführt werden.

4 Bitumenanstriche eignen sich auch für das Isolieren des Sockels oberhalb der Geländeoberkante. Auch hier wird zunächst eine Grundierung mit verdünntem Bitumen aufgetragen. Nach dem zweimaligen Deckanstrich ist die Sockelzone gegen das Eindringen von Spritzwasser bestens geschützt.

2

3

1

4

Grundkurs: Fugen abdichten

Fugen dauerelastisch abdichten

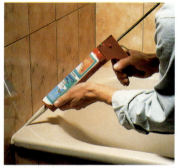

Für eine dauerelastische Abdichtung von Dehnungsfugen zwischen unterschiedlichen Bauteilen eignen sich am besten moderne **Silikondichtstoffe**, die mit einer Auspreßpistole einfach in die Fugen eingespritzt werden können.

Silikonkautschuk ist in allen gängigen Sanitärfarben, aber auch transparent im Handel erhältlich. Er ist beständig gegenüber Wasser und unempfindlich gegenüber haushaltsüblichen Reinigungsmitteln. Wenn er pilzhemmend ausgerüstet ist, können seine Oberflächen nicht mehr durch Schimmelbefall unansehnlich werden.

Für die fachgerechte Verarbeitung von Silikonkautschuk gilt, daß die Umgebung der Fuge vollkommen sauber und trocken sein muß.

Bestimmte Werkstoffe wie Edelstahl, kunststoffbeschichtete Spanplatten und Hart-PVC, aber auch poröse Baustoffe wie Beton, Putz und Mauerwerk müssen mit einer **Grundierung** vorbehandelt werden, die im allgemeinen zum Lieferprogramm des Dichtstoffherstellers gehört. Weiterhin müssen Sie beachten, daß tiefe Fugen hinterstopft werden sollten und daß der Dichtstoff nicht am Fugenhintergrund kleben darf (eventuell Trennfolie einlegen).

Abdichtungen im Sanitärbereich sollten als »Dreieckfuge« ausgeführt werden. Hierbei wird nicht nur die Fuge selbst mit Dichtstoff gefüllt, sondern der Dichtstoff steht an den Fugenrändern (z.B. Keramikplatten, Badewannenrand) über.

Profitip
Kleben Sie zunächst die Ränder der Fugen mit Klebeband ab, und achten Sie dabei auf einen parallelen Verlauf der freibleibenden Fuge zwischen den Klebestreifen.

Schneiden Sie die Spitze des Gewindenippels an der Kartusche mit einem Messer ab, danach schrauben Sie die Spritzdüse auf. Die Spritzdüse selbst wird nun entsprechend der Fugenbreite schräg abgeschnitten.

1 Spritzen Sie nun den Dichtstoff satt und zügig mit möglichst gleichmäßigem Hebeldruck in

Grundkurs: Fugen abdichten

die Fuge ein. Hierbei sollten Sie die Spritzpistole nicht absetzen, bevor Sie das Fugenende oder eine Ecke erreicht haben. Erst dann dürfen Sie aufhören, die Masse auszupressen.

2 Stoßen **mehrere Fugen** in einer Ecke zusammen, so beginnen Sie mit dem Ausspritzen am besten in der betreffenden Ecke. Spritzen Sie ineinander übergehende Fugen zusammen aus, bevor Sie den Dichtstoff glätten. Hierfür haben Sie je nach Raumtemperatur und Luftfeuchtigkeit zwischen 5 und 10 Minuten Zeit. Danach bildet sich eine Haut auf dem Dichtstoff.

3 Auch die **Unterkante** des Badewannenrandes sollte mit Silikon sorgfältig abgedichtet werden.

4 Dreieckfugen glätten Sie am besten mit dem Finger, **flache Fugen** mit einer sauberen Spachtel. Damit Finger oder Spachtel auf dem Dichtstoff gleiten und nicht daran kleben bleiben, müssen sie mit Wasser angefeuchtet werden. Dem Wasser setzt man vorher einige Tropfen Spülmittel zu.

5 Auch beim **Glätten** sollten Sie mit der Bewegung des Fingers oder des Spachtels, bis Sie eine Ecke oder das Fugenende erreicht haben, nach Möglichkeit nicht aussetzen.

Sollte eine Fuge nach dem Glätten nicht ganz ausgefüllt sein, so müssen Sie zunächst warten, bis der geglättete Dichtstoff vollkommen trocken ist. Erst danach kann der Dichtstoff von neuem aufgetragen werden. Über die Fugenränder hinausgequollener Dichtstoff sollte zunächst während einiger Stunden anvulkanisieren, bevor Sie ihn mit einem scharfen Messer abschneiden und dann abziehen. Auch Dichtstoffspritzer lassen sich leichter entfernen, wenn die Dichtungsmasse nach einigen Stunden nicht mehr feucht ist.

6 Silikonkautschuk kann als idealer Dichtstoff überall verwendet werden, wo unterschiedliche Bauteile oder Einbauten aneinanderstoßen. Bei Fenster- und Türrahmen verwendet man diesen Dichtstoff auch als Abdichtung gegen Zugluft. Alle Holzteile sollten allerdings vorher mit einer Grundierung behandelt werden.

4

5

6

Grundkurs: Dämmstoffkörnung einbringen

Mit Dämmstoffkörnung dämmen

Dämmstoffkörnung aus bei 1000 Grad Celsius geblähtem Vulkangestein ist ein aus der Natur gewonnener Dämmstoff, der sich für nahezu alle Dämmvorhaben problemlos einsetzen läßt.

Ökotip

Als mineralisches Naturprodukt ist Dämmstoffkörnung ökologisch unbedenklich, sie kratzt und juckt bei der Verarbeitung nicht, ist chemisch neutral, frei von Fasern, FCKW und Schwermetallen, und sie ist unbrennbar (Baustoffklasse A 1 nach DIN 4102); außerdem verrottet sie nicht und wird nicht von Ungeziefer angegriffen.

Bei der oftmals schwierigen **Dämmung von Holzbalkendecken** hat Dämmstoffkörnung den Vorteil, daß sie immer »paßt«, also ohne Verschnitt auch an schwierigsten Stellen und bei unterschiedlichen Balkenabständen einzubauen ist.

Entfernen Sie, wenn nötig, zuerst die alten Fußbodendielen oder sonstige Beläge über den Deckenbalken. Zwischen diesen

finden Sie oft verrottetes und von Ungeziefer befallenes Material, das Sie natürlich gleich mitentfernen sollten.

Sicherheitstip

Sie sollten bei den Arbeiten ausschließlich auf den Deckenbalken, nicht aber zwischen diesen stehen. Dort ist meistens lediglich eine Lattung oder ein Drahtgitter als Putzträger für den Deckenputz des darunterliegenden Raums angebracht.

Decken Sie dann die Balkenzwischenräume mit **Packpapier** oder einer **dampfdurchlässigen Folie** (keine PU-Folie) ab, so daß die Dämmstoffkörnung nicht durch eventuelle Ritzen oder Fugen in der Decke nach unten rieseln könnte.

1 Hiernach schütten Sie die Körnung aus dem an einer Ecke aufgeschnittenen Sack in die Balkenzwischenräume. Verteilen Sie die Körnung dabei so, daß sie leicht über die Balkenlage hervorsteht.

2 Nachdem Sie alle Balkenzwischenräume gefüllt haben,

ziehen Sie die Körnung mit einer **geraden Latte** über die Balken ab. Dabei verfüllt sich überschüssiges Material in die Fehlstellen.

Wo dennoch Material fehlt, schütten Sie es einfach aus dem Sack nach. Sie erhalten damit eine planeben über die Balken abgezogene Fläche und können nun auf den Balken neue Holzdielen, Fertigparkett oder Trocken-Estrichelemente verlegen.

3 Selbstverständlich eignet sich Dämmstoffkörnung auch zur **Dämmung hinter Wandbekleidungen**, d.h. innerhalb der Lattenunterkonstruktion von verschalten Wänden.

Befestigen Sie hierfür nach der Fertigstellung eine dampfbremsende Folie auf dem Lattengerüst.

Verschalen Sie nun Ihre Wand nach dem üblichen Verfahren, jedoch nur bis etwa zur Mitte der Höhe. Schütten Sie dann die Dämmstoffkörnung in den Zwischenraum. Durch gründliches **Verdichten** durch Stoßen und Stochern mit einer Latte erhalten Sie eine lückenlose, dicht hinter-

Grundkurs: Dämmstoffkörnung

füllte Schalung. Nach dem weiteren Aufbau der Wandverkleidung verfahren Sie ebenso. Nur unmittelbar unter der Decke, beim letzten Profilbrett, ist es schwierig, die Körnung einzufüllen. Hier können Sie statt dessen mit einem passenden Abschnitt einer Dämmplatte aus Kork eine Dämmung bis zur Decke erreichen.

Dächer lassen sich mit **Dämmstoffkörnung** von innen wie von außen dämmen. Bei der Dämmung von innen verfahren Sie wie bei der Dämmung von Wänden: Nach dem Aufbau der Verschalung mit Profilbrettern, Gipsfaser-, Gipskarton- oder Holzweichfaserplatten können Sie die Körnung problemlos vom Spitzboden her einfüllen.
Auch hier ist das Verdichten mit einer Latte wichtig. Voraussetzung für dieses Verfahren ist eine bestehende **Außenbeplankung** der Sparren.

4 Ist eine Außenbeplankung nicht gegeben, so sollte bei Neubauten oder einer anstehenden Neueindeckung des Dachs die Dämmung mit einem Fachmann von außen vorgenommen werden.

1

3

2

4

41

Grundkurs: Trittschalldämmung

Trittschalldämmende Fußböden über Betondecken einbauen

Trittschall kann ein wesentlicher Faktor der täglichen Lärmbelästigung sein. Er tritt in besonders starkem Maße in Altbauten auf, besonders in Bauten der 50er Jahre, deren Böden nicht ausreichend gegen Trittschall isoliert wurden. Hier helfen Trittschalldämmplatten, die unter Trocken-Estrichelementen (z.B. Holzspanplatten) verlegt werden können.

1 Legen Sie zunächst eine **dampfbremsende Folie** auf der gesamten Bodenfläche der Betondecke aus. Um eine Übertragung des Trittschalls auf die Wände zu vermeiden, werden dann Dämmstoffrandstreifen ringsum an den Wänden aufgestellt.

2 Hiernach werden die Trittschalldämmplatten verlegt, und zwar so, daß **keine Kreuzfugen** entstehen. Man beginnt in der ersten Reihe an einer Wand mit einer ganzen Platte und wird dann vermutlich die letzte Platte der ersten Reihe zuschneiden müssen. Den Restabschnitt verwendet man als erste Platte der zweiten Reihe, an den dann wieder eine ganze Platte angelegt wird. Wichtig ist, daß die Platten fugendicht gestoßen werden. Auf diese Weise wird die gesamte Bodenfläche des Raums lückenlos mit Trittschalldämmplatten ausgelegt. Wenn zusätzlich, etwa über Kellerdecken, eine verstärkte Wärmedämmung gewünscht wird, so verlegt man über den Trittschall- noch Wärmedämmplatten. Speziell vorverdichtete Estrichdämmplatten drükken sich nicht stark zusammen.

3 Der fachgerechte Einbau von **Holzspanplatten** (Dicke: 22 mm) ist einfach, wenn man sich folgende Arbeitsweise zu eigen macht: Die Platten werden in fallenden Längen verlegt, so daß keine Kreuzfugen entstehen. Eine feste Verbindung der Platten untereinander erfolgt durch Verleimen in der Nut. Damit der Trittschallschutz auch gewährleistet ist, dürfen die Platten nicht mit dem Boden verschraubt werden.

Profitip
Sichern Sie beim Verlegen der Platten eine an den Wänden umlaufende Dehnungsfuge, indem Sie Hartholzkeile einstecken. Nach dem Aushärten des Leims müssen Sie diese Keile wieder entfernen.

Grundkurs: Balkendecken einbauen

Dämmplatten in Balkendecken einbauen

Bei Neubauten wie beim Umbau von Altbauten sollen häufig Geschoßdecken zwischen den Balken gedämmt werden. Neben Dämmstoffkörnungen können auch Dämmstoffe in Plattenform eingesetzt werden. Gleichgültig, ob Sie sich für Holzweichfaser-, Kork- oder Mineralfaserplatten entscheiden, das Verfahren bleibt jedesmal das gleiche: Es kommt darauf an, den Balkenzwischenraum möglichst paßgenau und lückenlos mit dem Plattenmaterial zu füllen. Gleichzeitig mit der Wärmedämmung können Sie auch für eine deutliche Verminderung der **Schallübertragung** sorgen. Dabei ist es wesentlich, daß ein direkter Kontakt zwischen dem Unterboden und den Balken sowie den umgebenden Wänden vermieden wird.

In Baumärkten finden Sie für diesen Zweck sogenannte **Dämmstoffrandstreifen**, die lose an den Wänden aufgestellt und auf den Balken ausgelegt werden.

Profitip
Bei Holzbalkendecken ist zur Vermeidung von Schimmelbildung eine vorherige Verlegung von PE-Folie nicht nötig.

1

Ermitteln Sie zunächst durch genaues **Ausmessen** aller Balkenzwischenräume das Mindestbreitenmaß und die Anzahl der benötigten Dämmplatten. Während bei Holzweichfaser- und Korkplatten ein ziemlich genaues Zuschneiden (mit nur geringem Übermaß) nötig ist, werden Mineralfaserplatten mit einem langen scharfen Messer auf etwa 2 cm Übermaß geschnitten. Dadurch lassen sie sich fugendicht zwischen die Balken einpressen.

1 Kältebrücken zwischen den Plattenstößen können Sie durch fugenversetzten Einbau in zwei Lagen vermeiden. Die Plattendicke sollte dabei etwa der Hälfte der Balkenhöhe entsprechen. Ein Einbau »in fallenden Längen« ist immer die sparsamste Verlegungsart. Beginnen Sie die unterste Lage zwischen zwei Balken mit einer ganzen Platte.

2 Das Reststück dieser Reihe bildet das erste Stück der oberen

Grundkurs: Balkendecken einbauen

Lage. Stoßen Sie die Platten immer dicht aneinander und achten Sie darauf, daß sie dicht an die Balken anschließen. Wo dennoch Lücken auftreten, füllen Sie diese mit Reststücken, die beim Schneiden der Platten anfallen.

Zur Vermeidung der **Trittschallübertragung** auf die Deckenbalken und damit in die darunterliegenden Räume belegen Sie die Oberkante der Balken mit Dämmstoffrandstreifen.

Profitip
Eine noch bessere Trittschalldämmung können Sie erreichen, wenn Sie nach dem Einbau der Dämmplatten zwischen die Balken die gesamte Fläche zusätzlich mit einer weiteren, dünneren Lage Dämmplatten belegen. Hierauf können nun Trocken-Estrichelemente schwimmend, d.h. ohne Vernagelung mit den Balken verlegt werden.

3 Diese Abbildung zeigt eine **weitere Variante** des Bodenaufbaus über Balkendecken. Hier wurde über der gedämmten Balkenlage eine weitere Schicht Dämmstoff zwischen Kanthölzern verlegt. Bei diesem Verfahren werden die Balken zunächst ebenfalls mit Dämmstoffrandstreifen belegt. Nach dem Aufstellen eines weiteren Dämmstoffrandstreifens an der Wand, die quer zur Laufrichtung der Balken verläuft, wird gegen diesen Randstreifen ein Kantholz auf die Balken gelegt. Daneben folgt eine Reihe Dämmplatten, dann wieder ein Kantholz und wieder eine Reihe Dämmplatten usw., bis die gesamte Bodenfläche bedeckt ist. Neben seiner besonders hohen **Dämmwirkung** hat dieses Verfahren den Vorteil, daß die Trocken-Estrichelemente oder auch das Fertigparkett an die Lagerhölzer genagelt oder mit diesen verschraubt werden können.

Der Aufbau eines gedämmten Unterbodens auf Lagerhölzern kommt auch für Betondecken sowie über Balkendecken mit älteren, ungedämmten Bodenbelägen in Frage. Er ist allerdings in jedem Fall mit einer **beträchtlichen Erhöhung** des Bodenniveaus und damit einer Verminderung der Deckenhöhe verbunden.

Grundkurs: Fassade dämmen

Fassade des Hauses dämmen

Eine Verkleidung Ihres Hauses mit Profilbrettern oder Schindeln hat viele Vorteile. Zum einem können in dem darunterliegenden Kantholzgerüst mühelos hochwirksame Dämmstoffe »verborgen« eingebaut werden. Zum anderen sind Holzverkleidungen ein vorzügliches Mittel moderner Fassadengestaltung. Sie schützen das Haus vor Wind und Wetter, halten jahrzehntelang und können – im Gegensatz zu aufwendigen Wärmeschutz-Verbundsystemen – vom geübten Selbermacher problemlos angebracht werden. Weitere Vorteile liegen in der Einsparung der Kosten für Verputze und Anstriche, die sonst von teuren Fachfirmen ausgeführt werden müßten.

Wenn auch die Ausführung nicht grundsätzlich schwierig ist, so müssen doch einige **Grundregeln** beachtet werden:

● Bei **Neubauten** sollten Holzverkleidungen bereits in der Planungsphase mitbedacht werden.

● Bei **Altbauten** müssen zunächst feuchte Wände saniert und die Ursachen für die Feuchtigkeit beseitigt werden.

1

● Verschiedene **gesetzliche Auflagen** müssen erfüllt werden; deshalb ist ein Gang zur zuständigen Baubehörde wichtig.

● Wichtigste Maßnahmen zum **Schutz** der Holzverkleidung sind ein weiter Dachüberstand, ein ausreichender Bodenabstand, eine funktionierende Hinterlüftung sowie die Auswahl der richtigen Holzarten.

1 Der fachgerechte Aufbau einer Holzverkleidung erfordert eine wirkungsvolle **Hinterlüftung** zwischen Dämmschicht und Profilbrettern bzw. Holzschindeln. Deshalb benötigen Sie Kanthölzer, die um mindestens 2 cm dicker sind als die vorgesehenen Dämmplatten. Am einfachsten erfolgt die Befestigung mit langen, tragfähigen Durchsteckdübeln.

Grundkurs: Fassade dämmen

Lassen Sie sich für die Wahl der Dübel und (Sechskant-) Schrauben gezielt im Fachhandel beraten.

2 Wenn das Kantholzgerüst sicher befestigt ist, können Sie die **Dämmplatten** einbauen. Es eignen sich alle dämmenden Materialien in Plattenform, so etwa Kork, Holzweichfaser, Hartschaum. Die Abbildung zeigt den Einbau von Mineralfaserplatten durch einfaches Einpressen zwischen jeweils zwei Kanthölzer.

Damit die Platten dicht an die Kanthölzer anschließen und dazwischen festhalten, werden sie auf 2 cm Übermaß in der Breite zugeschnitten.

Profitip
Mineralfaserplatten schneidet man am einfachsten mit einem langen Messer entlang einer Holzlatte, die man als Führung benutzt.

Arbeiten Sie bei der Befestigung von unten nach oben, und achten Sie darauf, daß die Platten fugendicht aneinanderstoßen. Wenn Sie nicht sicher sind, daß die Platten auf Dauer zwischen den Kanthölzern halten, so können sie zusätzlich mit speziellen, im Fachhandel erhältlichen Dämmstoffhaltern befestigt werden.

3 Ein **senkrechter Schalungsaufbau** sorgt für raschen Wasserablauf und ist daher für die Erhaltung des Holzes wesentlich günstiger als eine waagerechte Befestigung der Profilbretter.
Hierfür müssen Sie allerdings eine waagerechte Zusatzlattung aus Dachlatten anbringen, die einfach mit Schnellbauschrauben im Abstand von etwa 40 cm auf dem Kantholzgerüst befestigt wird.

Ökotip
Nach vielen Erfahrungen mit synthetischen Holzschutzmitteln ist man heute zu der Erkenntnis gelangt, daß man auf diese sowohl umwelt- als auch gesundheitsschädlichen Mittel beim richtigen Schalungsaufbau völlig verzichten kann. In den meisten Fällen überdauern gutgebaute Verkleidungen auch ohne chemische Holzschutzmittel viele Jahrzehnte.

Darauf können Sie bauen!

COMPACT PRAXIS »do it yourself«

- Jeder Band mit über 200 Abbildungen und instruktiven Bildfolgen – alles in Farbe.

- Übersichtliche Symbole für Schwierigkeitsgrad, Kraftbedarf, Zeitaufwand u.v.m. – alles auf einen Blick.

- Anwenderfreundliche Komplettanleitungen für alle wichtigen Heimwerkerarbeiten – keine schmalen Einzelthemen.

- Mit besonders hervorgehobenen Profi- und Sicherheitstipps.

Über 60 Titel lieferbar.
Bitte DIY-Spezial-Prospekt anfordern!

jeder Band € **10,25**

Compact Verlag GmbH
Züricher Straße 29
81476 München
Telefon: 089/7451 61-0
Telefax: 089/75 60 95
Internet: www.compactverlag.de

Arbeitsanleitung: Dachraum ausbauen

Dachraum mit Gipskarton-Verbundplatten ausbauen

Arbeitsanleitung: Dachraum ausbauen

Material
Gipskarton-Verbundplatten, Klebemörtel, Fugenmörtel, Schnellbauschrauben.

Werkzeug

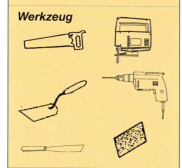

Schwierigkeitsgrad

Kraftaufwand

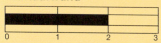

Arbeitszeit
Bei unkomplizierten Wandflächen benötigen Sie etwa 1/2 Stunde pro m².

Ersparnis
Durch Ihre Eigenleistung können Sie bis zu 25 € pro m² Wandfläche oder Dachschräge einsparen.

Beim Ausbau von Dachräumen haben Gipskarton-Verbundplatten mit Hartschaumauflage mehrere **Vorteile**:

● Als fachgerecht ausgeführte Vorsatzschale bewirken sie unter dem zwischen den Sparren gedämmten Dachstuhl eine deutliche Verbesserung der Wärmedämmung sowie des Schallschutzes.

● Der geübte Selbermacher kann sie ohne weiteres und unter Einsatz üblicher Werkzeuge problemlos einbauen.

● Die glatte Oberfläche kann nach dem Spachteln der Fugen an den Plattenstößen ohne weiteres gestrichen, tapeziert oder gefliest werden.

1 Bevor Sie mit dem Ausbau beginnen, überprüfen Sie an einem Regentag, ob Ihr Dach auch wirklich dicht ist. Undichte Stellen bei verlegten oder zerbrochenen Ziegeln sollten unbedingt vor allen anderen Arbeiten repariert werden.

2 Nachdem Sie das Dach zwischen den Sparren gedämmt haben, können Sie mit der Verkleidung der Wände und Dachschrägen mit Verbundplatten beginnen: Legen Sie zunächst mehrere Platten auf einen Tisch oder auf zwei niedrige Holzgestelle. Rühren Sie dann den **Baukleber** nach Herstellervorschrift mit Wasser an. Dabei wird das Kleberpulver aus dem Sack in die vorgeschriebene Menge Wasser geschüttet (nicht umgekehrt) und mit dem Rührvorsatz an der Bohrmaschine sorgfältig durchgerührt. Nachdem der Kleber etwa 15 Minuten »gereift« hat, wird er nochmals kräftig durchgeschlagen. Dann ist er gebrauchsfertig.

Um die Verbundplatten an den **Giebelwänden** zu befestigen, spachteln Sie mehrere Streifen Kleber in der Form eines Rosts auf die Plattenrückseite. Auf diese »Klebestreifen« tragen Sie nun den Kleber mit der Traufel in dicken Batzen punktförmig auf.

3 Setzen Sie dann die **erste Platte** an die Wand an, ohne sie wirklich festzudrücken.

4 Alle Verbundplatten müssen lot- und fluchtrecht ausgerichtet

Arbeitsanleitung: Dachraum ausbauen

werden. Dabei kommt es entscheidend auf den **richtigen Sitz** der ersten Platte an, nach der die anderen Platten ausgerichtet werden.

Richten Sie diese erste Platte daher besonders sorgfältig mit der Wasserwaage aus. Durch Anklopfen mit dem Hammer auf einem Brettstück können Sie die Platte während des Festdrückens leicht bewegen.

Profitip
Neben der Wasserwaage ist ein Richtscheit aus Aluminium sehr nützlich: Wenn Sie es über die erste, bereits ausgerichtete und sicher befestigte Platte sowie über die zweite Platte legen, so zeigt sich sofort, in welche Richtung die zweite Platte gedrückt und geklopft werden muß.

Zur Ausbildung richtiger **Fugen** sollten die Platten mit etwa 5 mm Abstand neben- und übereinander eingebaut werden. Um diesen Abstand einzuhalten, ist es vor allem beim Ansetzen der oberen Platten sinnvoll, etwa 5 mm starke Sperrholzabschnitte

zwischen die Platten zu stecken. Sobald die Platten festsitzen und der Kleber abgebunden hat, werden diese provisorischen Abstandhalter natürlich wieder herausgezogen.

An der **Dachschräge** und den **Deckenbalken** werden Gipskarton-Verbundplatten mit den vom Plattenhersteller empfohlenen **Schnellbauschrauben** befestigt. Bei entsprechender Übung können sie von einer Person befestigt werden; einfacher aber geht es zu zweit, wenn einer die Platte hält und der andere die Schrauben eindreht. Diese können einfach ohne Vorbohren durch die Platten ins Holz gedreht werden. Beachten Sie aber dabei, daß Gipskartonplatten relativ weich sind und sich der Schraubenkopf schnell zu tief durch die Platte in die Hartschaumauflage hineindreht.

5 Aussparungen lassen sich problemlos und genau mit der Stichsäge aus den Platten aussägen. Manchmal hilft ein Kartonstück, das man an der Dachschräge oder den Wänden anhalten und mit der Schere zurechtschneiden kann, um eine maßgenaue Über-

Arbeitsanleitung: Dachraum ausbauen

tragung der Aussparung auf die Verbundplatte zu gewährleisten.

6 Nachdem Sie alle Verbundplatten an den Wänden und Dachschrägen befestigt haben, können die Plattenstöße und Schraubenlöcher gespachtelt werden. Verwenden Sie hierfür ausschließlich den vom Plattenhersteller empfohlenen **Fugenmörtel**. Er hat speziell die für die eingesetzten Verbundplatten richtige Zusammensetzung. Nach dem Anrühren, Reifenlassen und Durchschlagen bringen Sie den Mörtel mit dem Spachtel in die Fugen und Schraubenlöcher ein. Dabei können eventuelle Unebenheiten an den Plattenstößen auch großflächiger gespachtelt werden. Nach dem völligen Durchhärten des Fugenmörtels überschleifen Sie die gespachtelten Stellen mit Schleifpapier (Körnung 80, 120, 150).

Nun ist Ihr Dachraum schon beinahe bewohnbar. Vor dem Anstreichen oder Tapezieren erfolgt noch eine **Grundierung** der Verbundplatten. Damit ist der Rohausbau abgeschlossen, und Sie können mit der Gestaltung der Wände beginnen.

4

5

6

Arbeitsanleitung: Kellermauern isolieren und dämmen

Kellermauern isolieren und dämmen

Arbeitsanleitung: Kellermauern isolieren und dämmen

Material
Sand, Zement, Grundierung, Bitumenanstrich oder Bitumen-Latex-Dickbeschichtung, Perimeterdämmplatten aus Hartschaum, Dränplatten, Filterkies.

Werkzeug

Schwierigkeitsgrad

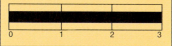

Kraftaufwand

Arbeitszeit
Ohne Vorarbeiten benötigen Sie für das Verputzen, Isolieren und Dämmen 3 bis 5 Stunden je lfm. der Kellermauern.

Ersparnis
Ohne Einbeziehung der Vorarbeiten ersparen Sie durch Ihre Eigenleistung bis zu 50 € pro m² Mauerwerk.

Nasse Kellermauern haben immer schwerwiegende Schäden und hohe Energieverluste für das ganze Haus zur Folge. Deshalb wird heute bei allen Neubaumaßnahmen das Kellermauerwerk von Grund auf gegen Feuchteaufnahme isoliert und gleichzeitig gegen Wärmeverlust gedämmt.

Dagegen sind die meisten Altbauten weder gegen Bodenfeuchtigkeit abgedichtet, noch ist eine funktionierende Baugrundentwässerung vorhanden.

Wenngleich für die Trockenlegung von Altbauten wesentlich umfangreichere Vorarbeiten geleistet werden müssen, sind die Maßnahmen zur nachfolgenden Isolierung und Dämmung die gleichen wie bei Neubauten. Jedesmal müssen zunächst die erdberührenden Mauern verputzt werden. Erst hiernach können sie isoliert und gedämmt werden.

Für die Isolierung kommen immer handelsübliche **Bitumenanstriche** in Frage. Diese können nur auf tragfähigen, rißfreien, ebenen und trockenen Untergründen aufgetragen werden.

Ökotip
Achten Sie beim Einkauf von Bitumenanstrichen auf Produkte, die frei von Teer, Phenol und Benzol sind.

Bei **Neubauten** bieten sich für die Isolierung zwei Verfahren an:
● Auf den ebenen Neubaumauern kann ein wassersperrender Beschichtungsmörtel (Dichtungsschlämme) mit anschließendem Bitumenanstrich aufgebracht werden.
● Es kann aber auch ohne das vorangehende Auftragen eines mineralischen Verputzes eine Bitumen-Latex-Dickbeschichtung aufgetragen werden, wobei der Bitumenanstrich dann ebenfalls entfällt.

Bei **Altbauten** müssen zunächst die älteren, meist stark beschädigten Verputze vollständig entfernt werden. Danach wird man, um erst einmal eine ebene Schicht herzustellen, einen traditionellen Zementputz auftragen, der dann zusätzlich mit einem wassersperrenden Bitumenanstrich gegen drückende Bodenfeuchte isoliert wird.

53

Arbeitsanleitung: Kellermauern isolieren und dämmen

1

2

Bei Alt- wie bei Neubauten sind hierfür erhebliche **Vorarbeiten** zu leisten:
● Räumen Sie bei Neubauten zunächst die Baugrube von eventuell angefallenem Bauschutt frei.
● Bei Altbauten muß vor Arbeitsbeginn längs aller Außenmauern ein Graben ausgehoben werden.

Die dabei anfallende große Menge Aushub muß im allgemeinen abgefahren werden, da sie als bindiges Material nicht für eine spätere Verfüllung der Baugrube geeignet ist. Der Graben sollte dabei bis zur Fundamentsohle, jedoch keineswegs tiefer als diese geführt werden.

Bei **Neubauten** schlagen Sie aus dem Mauerwerk alle Rödeldrähte in Beton etwa 2 cm tief mit dem Meißel heraus.

Schließen Sie dann einzelne, schlecht verfüllte Fugen im Mauerwerk und Ausbrüche im Beton mit einem Zementmörtel, und schlagen Sie alle an den Fugen überstehenden Mörtelreste ab, so daß Sie eine **ebene Maueroberfläche** erhalten.

1 Nach dem sorgfältigen Abkehren der Kellermauern bilden Sie an der Kante zwischen Fundament und aufgehendem Mauerwerk eine **Hohlkehle** aus. Der hierfür verwendete Mörtel sollte einen hohen Anteil an Zement enthalten (2 Teile Sand zu 1 Teil Zement).

Profitip
Zum Ausbilden einer Hohlkehle wird der Mörtel auf dem Fundamentabsatz dick aufgetragen. Wenn Sie dann eine Flasche in Längsrichtung durch den Mörtel ziehen, erhalten Sie eine sauber geformte Hohlkehle, an der das Wasser gut ablaufen kann.

2 Nach dem Aushärten des Mörtels tragen Sie mit dem Quast ein **Grundiermittel** auf.

Wenn die Grundierung getrocknet ist, können Sie mit der **Beschichtung** beginnen. Dabei entnehmen Sie das Beschichtungsmittel mit der Traufel aus dem Gebinde und ziehen es mit einem Stahlglätter in einer Schicht von etwa 5 mm gleichmäßig auf die Mauer auf (vgl. Abb. S. 52).

54

Arbeitsanleitung: Kellermauern isolieren und dämmen

Arbeiten Sie immer von unten nach oben und in Streifen, bei einer Mauerecke beginnend bis zur nächsten Ecke. An der Fundamentkante, an den Hohlkehlen sowie an den Ecken achten Sie auf eine besonders sorgfältige Beschichtung. Zum Schluß kontrollieren Sie, ob Sie keine Fläche ausgelassen haben oder ob der Auftrag an einzelnen Stellen zu dünn geworden ist.

Je nach Untergrund und Witterungsverhältnissen benötigen Dickbeschichtungen mit Bitumen-Latex eine Trocknungszeit von 3 bis 7 Tagen. Während dieser Zeit darf die Beschichtung weder durch Regen oder starke Sonnenbestrahlung noch mechanisch belastet werden.

3 Haben Sie sich nicht für eine Dickbeschichtung, sondern für den Auftrag einer **Dichtungsschlämme** entschieden, so mischen Sie den im Werk fertig gemischten Trockenmörtel zunächst streichfähig mit Wasser an.
Im ersten Arbeitsgang bürsten Sie die Dichtungsschlämme als Haftschlämme satt mit dem Quast auf die Wand auf. Hierbei bearbeiten Sie jeweils sinnvoll begrenzte Flächen, nicht alle Kellerwände auf einmal.

4 Für den nachfolgenden Arbeitsgang, das **Auftragen mit der Glättkelle**, rühren Sie die Dichtungsschlämme steifer an. Achten Sie bei der Wasserzugabe auf die vom Hersteller gegebenen Richtlinien. Beim Aufziehen des Dichtungsmörtels arbeiten Sie mit dem Stahlglätter am besten von unten nach oben. Die Schicht sollte etwa 3 bis 5 mm betragen.

5 Nach dem Ansteifen des Mörtels erzielen Sie eine planebene Oberfläche durch Reiben mit dem leicht angefeuchteten **Schwammbrett.**

Bei **Altbauten** reinigen Sie zunächst die Kellermauern sorgfältig von alten Putzresten und eventuellem Moosbewuchs. Der Auftrag des **Verputzes** erfolgt nun in drei Arbeitsgängen:

Da bei Altbauten häufig ein eher unregelmäßiges Bruchsteinmauerwerk mit breiten Fugen und Vorsprüngen vorliegt und die Saugfähigkeit der Steine sehr

3

4

5

Arbeitsanleitung: Kellermauern isolieren und dämmen

unterschiedlich sein kann, tragen Sie zunächst einen **Spritzbewurf** als Haftbrücke auf.

Profitip
Damit das Mauerwerk dem Putzmörtel nicht zuviel Wasser entzieht, wird es zunächst mit dem Quast sorgfältig vorgenäßt. Lassen Sie die Mauer dann antrocknen, bis die Oberfläche mattfeucht erscheint.

Zur besseren Haftung mischen Sie das Wasser für den Vorspritzmörtel zunächst mit einer geeigneten **Kunststoffdispersion** an. Hierbei richten Sie sich nach dem auf dem Gebinde oder dem Produktdatenblatt der Dispersion angegebenen Mischungsverhältnis. Verwenden Sie diese Mischung zum Anmachen des fast flüssigen Vorspritzmörtels aus 1 Teil Zement und 3 Teilen grobkörnigem Sand. Der Vorspritzmörtel wird dann mit kräftigem Kellenwurf flächig angespritzt.

Führen Sie diese Arbeiten am besten zu einer Tageszeit aus, zu der die Kellermauern nicht von starker Sonne beschienen sind. Hierdurch vermeiden Sie ein zu schnelles Austrocknen des Bewurfs.

Beim nachfolgenden Arbeitsgang füllen Sie die **Fugen** mit einem fett angemischten, vergüteten Zementmörtel (1 Teil Zement auf 3 bis 4 Teile Sand). Auch hierbei wird der Mörtel durch kräftigen Kellenwurf angetragen, damit sich die Fugen vollständig füllen. Durch grobes Abziehen mit der Kellenkante erzielen Sie eine rauhe Oberfläche, auf der der nachfolgende Oberputz gut haftet. Bilden Sie dabei an der Fundamentoberkante eine Hohlkehle aus, wie auf Seite 54 beschrieben.

Nach einer Wartezeit von 2 bis 3 Wochen, in der die Mörtelschicht aushärten und »ausreißen« kann, tragen Sie im dritten Arbeitsgang den **Oberputz** mit der Kelle oder dem Stahlglätter auf. Wenn der Mörtel angesteift ist, ziehen Sie die Fläche mit einer Latte eben ab und arbeiten mit dem Reibebrett nach. Die hierdurch entstehende ebene, gefüllte Fläche läßt sich abschließend gut mit dem Stahlglätter glätten.

Arbeitsanleitung: Kellermauern isolieren und dämmen

Bis zum Aufstreichen des Bitumenanstrichs muß wieder das Austrocknen des Verputzes abgewartet werden. Dies dauert je nach Witterung mehrere Wochen; richten Sie sich hierfür in jedem Fall nach den vom Hersteller des Bitumenanstrichs angegebenen Wartezeiten.

6 Im ersten Arbeitsgang wird der Bitumenanstrich zunächst als **Grundierung** mit Wasser verdünnt aufgetragen.

7 Tragen Sie dann nach der vom Hersteller vorgeschriebenen Trocknungszeit den **Deckanstrich** mit dem Quast satt auf. Dabei müssen vor allem die an der Fundamentoberkante ausgebildete Hohlkehle sowie alle Ecken oder Kanten besonders sorgfältig gestrichen werden.

8 Der fertig aufgetragene Bitumenanstrich muß nun wieder austrocknen (Herstelleranleitung beachten), bevor Sie mit der **Dämmung** der Kellerwände beginnen können.

9 Die Dämmplatten aus Hartschaum werden einfach mit dem vom Hersteller empfohlenen Spezialkleber an die beschichtete Wand geklebt. Dabei wird der Kleber nur punktweise und lediglich an der zu verklebenden Fläche aufgetragen.

10 Beim Ansetzen der Platten beginnen Sie von unten her, so daß die Platten knapp über der Fundamentoberkante aufsitzen. Die Platten werden im Querformat und mit versetzten Stößen angebracht.
Achten Sie dabei auf ein **fugendichtes Aneinanderstoßen** an allen Kanten.

Zusätzlich zu den Dämmplatten können Sie nun noch spezielle **Dränplatten** kleben, die alles anfallende Wasser unmittelbar nach unten leiten. Auch sogenannte **Sickerfilze** lassen sich zu diesem Zweck anbringen.

Nach Beendigung der Isolier- und Dämmarbeiten muß die Baugrube wieder verfüllt werden. Dabei sollte in keinem Fall Bauschutt oder bindiger (lehmiger) Boden verwendet werden. Besser ist es, hier **Filterkies** einzusetzen, den Sie lagenweise einbringen und verdichten sollten.

9

10

Arbeitsanleitung: Hartschaumplatten einbauen

Hartschaumplatten vielseitig einsetzen

Material
Polystyrol-Hartschaumplatten in verschiedenen Größen, geeigneter Kleber.

Werkzeug

Schwierigkeitsgrad

Kraftaufwand

Arbeitszeit
Pro m² Dämmfläche sollten Sie mit einer Arbeitszeit von 1/4 bis 1/2 Stunde rechnen.

Ersparnis
Durch Ihre Eigenleistung sparen Sie etwa 10 €/m².

Arbeitsanleitung: Hartschaumplatten einbauen

Die weißen Dämmplatten aus Polystyrol-Hartschaum eignen sich für die meisten Dämmvorhaben sehr gut. Sie sind besonders leicht zu verarbeiten: Sie lassen sich einfach mit dem Fuchsschwanz sägen, anschließend an Decken und Wände ankleben oder zwischen den Dachsparren einklemmen.

Ungedämmte Fußböden über nicht beheizten Kellern oder selten beheizten Kellerräumen sind fußkalt. Sie strahlen die niedrigen Temperaturen der darunterliegenden Räume ab und sind die Ursache für ungemütliches Raumklima und erheblichen Energieverlust. Außerdem wird die Wärme vom Erdgeschoß in den darunterliegenden Keller übertragen, der sich dann nicht mehr zum Lagern von Lebensmitteln eignet.

Neben einer fachgerechten Dämmung der Fußböden kommt hier zudem eine **Dämmung der Kellerdecken** in Betracht.

Die Vielfalt der im Handel angebotenen geeigneten Dämmplatten erleichtert jedem Heimwerker die Arbeit erheblich.

Umbauen Sie zunächst **Rohrleitungen** an der Kellerdecke mit einem Lattengerüst, das an den Wänden und der Decke befestigt wird.

Danach entfernen Sie vorstehende **Mörtelreste** an der Decke und kneifen eventuell hervorstehende Rödeldrähte mit der Beißzange ab. Zum Schluß wird die Decke mit einem Besen gründlich gereinigt.

Wenn die Kellerdecke verputzt und planeben ist, können Sie die Dämmplatten kleben, indem Sie den Spezialkleber mit einer Zahnspachtel auf die Platten auftragen. Haben Sie keinen plan-ebenen Untergrund zur Verfügung, geben Sie den Kleber batzenförmig mit der Kelle auf die Platten.

Die Dämmplatten werden nun unter leichtem Druck Falz in Falz an der Kellerdecke verlegt, wobei man von einer rechteckigen Verlegefläche ausgehen muß. Ist die Kellerdecke nicht rechteckig, so sollte man, von einer Wand ausgehend, an der Decke einen rechten Winkel ausmessen und dessen Schenkel als Hilfslinie zum Anlegen benutzen.

Natürlich eignen sich Dämmplatten aus Polystyrol-Hartschaum auch gut für die **Dämmung von Dächern.** Voraussetzung dafür ist allerdings, daß die Sparren rechteckig zugeschnitten und einigermaßen gerade sind. Dies ist bei vielen Altbaudächern nicht der Fall, vor allem dort, wo Sparren lediglich aus geschältem Rundholz verwendet wurden. Hartschaumplatten gibt es in den unterschiedlichsten Formaten.

Dieses Beispiel zeigt eine geschlitzte und daher biegsame Platte mit Nut und Feder, die sich fast verschnittfrei und vor allem besonders fugendicht einbauen läßt. Bevor Sie mit den Dämmarbeiten am Dachstuhl beginnen, müssen Sie allerdings an einem Regentag das Dach auf Dichtheit überprüfen und eventuelle undichte Stellen selbst reparieren oder vom Fachmann reparieren lassen.

1 Messen Sie zuerst den **lichten Abstand** zwischen den Sparren aus, und übertragen Sie das erhaltene Maß auf die Dämmplatte. Ist eine Dämmplatte nicht breit genug, so setzen Sie zwei Platten zu einer Einheit zusammen.

Arbeitsanleitung: Hartschaumplatten einbauen

2 Schneiden Sie die Platteneinheit unter Zugabe von etwa 1 cm mit dem Fuchsschwanz in der benötigten Breite zu. Das abgeschnittene Reststück verwenden Sie zum Zusammensetzen der nächsten Platteneinheit oder zur Dämmung schmaler Anschlußbereiche.

Hiernach setzen Sie die Platteneinheit zwischen die Sparren ein. Dies geht am einfachsten, wenn Sie die Platte an einer Sparrenkante ansetzen, in der Mitte leicht durchbiegen und so zwischen die Sparren einpressen (vgl. Abb. S. 58). Achten Sie hierbei auch darauf, daß der für die **Hinterlüftung** unbedingt notwendige Zwischenraum zwischen Dacheindeckung und Dämmstoffschicht erhalten bleibt.

3 Zum Schluß treiben Sie die Platteneinheit mit leichten Hammerschlägen nach unten, so daß die Feder in die Nut der Anschlußplatte eingedrückt wird. Um Beschädigungen an der Platte zu vermeiden, legen Sie in die obere Nut ein Lattenstück.

Soll der Dachraum weiter ausgebaut und als warmer Wohnraum

Arbeitsanleitung: Hartschaumplatten einbauen

genutzt werden, so muß die gesamte Dämmschicht an der Unterseite der Sparren mit einer dampfdichten Folie überzogen werden. Die benachbarten Ränder der Folie führt man dabei überlappt aus.

3

Auch die fachgerechte **Dämmung von Fußböden** ist mit Polystyrol-Hartschaum denkbar einfach. Wie bei allen Dämmaßnahmen, so muß man auch bei den weißen Platten darauf achten, daß die Fugen möglichst dicht schließen. Aus diesem Grund verwendet man bei einer einfachen Auslegung auf dem Boden am besten Hartschaumplatten mit Falz.

Da die Platten mit dem Fuchsschwanz sehr genau zugeschnitten werden können (immer mit 1 bis 2 cm Übermaß), lassen sie sich auch den Begrenzungen der Bodenfläche fugendicht einpassen.

Ungenutzte Dachräume haben meist auch ungedämmte Fußböden. Durch diese entweicht ein erheblicher Teil an wertvoller Heizenergie. Wenn hier nicht ohnehin ein Dachausbau mit entsprechenden Dämmaßnahmen vorgesehen ist, so sollte wenigstens die oberste Geschoßdecke oberseitig gedämmt werden.

Hierbei werden die Hartschaumplatten fugenversetzt ausgelegt, so daß sich **keine Kreuzfugen** bilden können. Dies erreichen Sie, wenn Sie die Platten in fallenden Längen verlegen. Dabei beginnen Sie als Anfangsstück jeder Reihe mit dem Reststück der vorangehenden Reihe. An den Rändern der Bodenfläche müssen die Randfalze abgeschnitten werden.

Eine noch bessere Dämmwirkung erreichen Sie, indem Sie die Platten zweilagig und fugenversetzt auslegen.

Diese Dämmaßnahme steht natürlich auch einem späteren Ausbau nicht entgegen. Auf den so verlegten Platten können Trocken-Estrichelemente (z.B. aus Holzspanplatten) verlegt werden, die dann Träger für einen möglichen Bodenbelag sind.

Hartschaumplatten können selbstverständlich auch zwischen **Kanthölzern** verlegt werden. Hierbei beginnt man den Bodenaufbau mit einem Kantholz, das man zur Vermeidung von Trittschallübertragung mit Dämmstoffrandstreifen unterfüttert. An das Kantholz werden dann die Hartschaumplatten dicht angelegt, dann folgt das nächste Kantholz. Auf diese Weise hat man schnell einen gut gedämmten Unterboden verlegt. Die Kanthölzer dienen als Träger für Trocken-Estrichelemente oder zur Befestigung von Fußbodendielen oder Fertigparkettelementen. So kann man anschließend einfach den gewünschten Bodenbelag verlegen.

61

Gut isoliert und gedämmt: Das renovierte Bad

Arbeitsanleitung: Außenwände innen dämmen

Außenwände von innen dämmen

Material
Kanthölzer, Dämmplatten, dampfbremsende Folie, Bauplatten aus Holzspan, Holzfaser oder Gipskarton, Schnellbauschrauben.

Werkzeug

Schwierigkeitsgrad

Kraftaufwand

Arbeitszeit
Für die Dämmung einer Wand von 10 m² benötigen Sie 1 Tag.

Ersparnis
Durch Ihre Eigenleistung sparen Sie bis zu 50 €/m².

Es gibt verschiedene Methoden, eine Außenwand zu dämmen. Die innenseitige Dämmung einer Außenwand kann über Dämmstoffplatten erfolgen, die zwischen Kanthölzern eingestellt werden. Sie brauchen nicht an der Wand befestigt zu werden. Sie können aber auch die Kanthölzer auf die Dämmstoffplatten aufdübeln. Diese müssen Sie dann allerdings vorher auf die Wand kleben oder mit Dämmstoffhaltern an der Wand befestigen. Das Kantholzgerüst dient als Träger für eine vorgesehene Verschalung.

Bei der hier vorgestellten Dämmmaßnahme können Sie alle handelsüblichen Dämmplatten verwenden, z.B. aus Kork, Hartschaum oder Mineralfaser. Achten Sie beim Einkauf darauf, daß die Dämmplatten in der Breite auf die vorgesehenen Wandbekleidungsplatten abgestimmt sind. Sie sollten sich ohne allzuviel Zuschneiden in das für die Befestigung der Bekleidungsplatten notwendige Kantholzgerüst einpressen lassen. Die Kanthölzerabstände müssen sich jedoch nach der Breite der gewählten Verkleidungsplatten richten.

Bevor Sie den Dämmstoff anbringen, säubern Sie die trockene Wand, und schlagen Sie eventuell überstehende Mörtelreste mit einem Hammer ab.

1 Für eine waagerechte **Profilbrettverschalung** und für jede andere Verschalung mit plattenförmigen Oberflächen dübeln Sie die **Kanthölzer** senkrecht an die Wand. Die Kanthölzer sollten in ihrer Dicke der Dämmstoffstärke entsprechen. Der lichte Abstand zwischen den Kanthölzern muß etwas geringer sein als die Dämmstoffbreite.
Verwenden Sie für die Befestigung der Kanthölzer am einfachsten Durchsteckdübel (100 mm lang, Durchmesser 8 mm) und entsprechend lange, passende Flachkopfschrauben. Die Dübellöcher werden durch das Holz in die Wand gebohrt. Anschließend stecken Sie die Dübel einfach durch und ziehen die Schrauben fest.

2 Stellen Sie dann die **Dämmstoffplatten** in die Unterkonstruktion ein. Beginnen Sie dabei von unten her, und stoßen Sie die übereinandersitzenden Platten fugendicht zusammen.

Arbeitsanleitung: Außenwände innen dämmen

1

3

2

4

Wenn Sie die Dämmstoffplatten aus Mineralfaser mit einem scharfen Messer zugeschnitten haben, passen Sie sie dicht zwischen die Kanthölzer ein. Sie halten von selbst, wenn sie etwa 2 cm breiter zugeschnitten werden, als das lichte Maß zwischen den Kanthölzern beträgt.
Für eine absolut fugendichte Dämmung ist es allerdings noch besser, wenn Sie zwei Schichten mit dünneren Dämmstoffplatten fugenversetzt übereinander verlegen.

3 Überspannen Sie die gesamte Konstruktion mit einer 0,2 mm dicken **Polyäthylenfolie,** die als Dampfbremse dafür sorgt, daß die in der Raumluft enthaltene Feuchtigkeit nicht in die Dämmstoffschicht und in die Wände eindringen kann.
Die Dampfbremse ist allerdings nur dann zuverlässig, wenn die Bahnen der Folie überlappt befestigt werden und auch an den Rändern der Unterkonstruktion dicht schließen.

4 Die so gedämmte Wand kann nun mit Profilbrettern verschalt oder mit Bauplatten (Gipsfaser-, Gipskarton-, Holzspanplatten) beplankt werden.

Für eine senkrechte Profilbrettverschalung muß vorher ein waagerechtes Traggerüst aus Dachlatten (Abstand 50-60 cm) an den Kanthölzern verschraubt werden.

Sicherheitstip
Um die verstärkte Entstehung von gesundheitsschädlichem Mineralfaserstaub zu vermeiden, dürfen Dämmplatten aus Mineralfaser nicht mit elektrischen Sägen geschnitten werden. Gegen den durch Mineralfaser ausgelösten Juckreiz hilft dicht schließende Kleidung.

Arbeitsanleitung: Abseitenräume dämmen

Abseitenräume und Zwischenwände dämmen

Material
Kanthölzer, Dämmplatten aus Kork, Mineralfaser oder Hartschaum, dampfbremsende Folie, Bauplatten aus Holzspan, Holzfaser oder Gipskarton, Schnellbauschrauben.

Werkzeug

Schwierigkeitsgrad

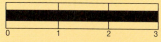

Kraftaufwand

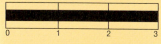

Arbeitszeit
Für die Dämmung einer ganzen Dachwohnung benötigen Sie mehrere Wochen.

Ersparnis
Je nach Größe der Dachwohnung sparen Sie durch Ihre Eigenleistung bis zu 10 200 €.

Arbeitsanleitung: Abseitenräume dämmen

Beim Dachgeschoßausbau wird der gesamte, zunächst offene Dachbereich durch den Einbau leichter Zwischenwände in wohnliche Einzelräume unterteilt. Dabei werden oft auch zu niedrige oder unbenutzbare Dachbereiche, sogenannte Abseitenräume, von der künftigen Wohnfläche abgetrennt. Zum Schutz vor Wärmeverlusten wie auch vor Schallübertragung sollte man die Abseiten- und Zwischenwände fachgerecht dämmen.

Für diese Dämmaßnahmen kommen in der Hauptsache Dämmstoffe in Form von **Platten**, z.B. aus Kork, Mineralfaser oder Hartschaum, in Frage, die sich aufgrund ihrer Steifigkeit und Maßhaltigkeit ohne weitere Befestigung einfach durch Einpressen in Kantholzständer einbauen lassen.

Da die Rückseiten der Abseiten- oder Zwischenwände innerhalb des Dachs liegen, wo sie nicht unmittelbar von kalter Luft umströmt werden, können Sie beim Einbau von Kork- oder Hartschaumplatten auf den Einbau von dampfbremsenden Folien verzichten. Dies ist bei Dämm-platten oder -filzen aus Mineralfaser nicht der Fall, da sie nach heutiger Erkenntnis aus Gründen der Gesundheitsvorsorge nur noch mit Folie winddicht überdeckt eingebaut werden sollen. Das Gesagte gilt jedoch nicht für die gedämmten Umfassungswände von Bädern oder Duschräumen. Hier ist eine innenseitige Verlegung von dampfbremsender Folie immer anzuraten, gleichgültig welches Dämmmaterial Sie verwenden, da in diesen Räumen stets besonders hohe Luftfeuchtigkeitswerte anfallen.

Erübrigen sich für Abseitenräume Plattenbekleidungen zum Dachraum hin, so kann die raumseitige Bekleidung einfach an den Kantholzständern verschraubt werden. Für einen **erhöhten Schallschutz**, wie er wegen der geringen Aufbaudicke insbesondere im Dach erforderlich ist, sollten grundsätzlich schwere Plattenbaustoffe eingesetzt werden.

Hierzu eignen sich Bauplatten aus Holzfaser, Gipskarton oder Holzspan, die mit sogenannten Schnellbauschrauben ohne Vorbohren sicher und bequem befestigt werden können.

Profitip

Beim Einkauf Ihrer Dämmplatten sollten Sie darauf achten, daß diese in der Dicke zumindest der Stärke der Kanthölzer entsprechen. Ein geringes Übermaß der Dämmplatten von bis zu 1 cm ist für deren festen Sitz zwischen den Bekleidungsplatten besonders vorteilhaft.

Legen Sie beim Aufbau des **Kantholzgerüsts** vor der Befestigung unter das unterste, den Boden berührende Kantholz (Bodenschwelle) sowie zwischen alle Kanthölzer und Außenbauteile (Wände, Dachbalken und -sparren) einen Mineralfaser-Randstreifen (Dicke 2 cm) ein. Durch diese einfache Maßnahme erreichen Sie einen erhöhten Schutz vor störender Schallübertragung von den Abseiten- oder Nebenräumen her. Die senkrechten Kantholzständer werden dann an der Bodenschwelle und an den Dachsparren sicher verschraubt.

In den Bereichen, wo Ihre Zwischenwände höher als 2 m sind, bauen Sie zur Stabilisierung

Arbeitsanleitung: Abseitenräume dämmen

zusätzliche **waagerechte Kanthölzer** ein. Nach dem Verschrauben des Kantholzgerüsts bauen Sie die rückseitige Beplankung ein. Auch diese sollte den Boden nicht unmittelbar berühren.

Profitip
Sie können sich hierbei ganz einfach behelfen, indem Sie vor dem Aufstellen der Platten an der Seite der Bodenschwellen lose Dachlatten oder Brettstücke auslegen, die Sie nach dem Verschrauben der Platten einfach wieder herausziehen.

1 Haben Sie den Abstand der Kantholzständer um etwa 2 cm geringer als die Breite der vorgesehenen **Dämmplatten** gewählt, so brauchen Sie die Dämmplatten nur noch in der Länge zuzuschneiden. Sie lassen sich dann einfach durch Einpressen in das Kantholzgerüst einbauen. Hierbei sollten Sie vor allem darauf achten, daß zwischen den Platten keine Lücken (Wärmebrücken) entstehen.

Wärmebrücken an den Plattenstößen können durch eine **doppellagige Verlegung** der Dämmplatten vermieden werden. Hierfür kaufen Sie Dämmplatten, die in der Dicke jeweils der Hälfte der Einbautiefe entsprechen.

Beginnen Sie die erste Lage mit einer ganzen Platte und die zweite Lage mit einem ausreichend großen Plattenreststück. Beim nachfolgenden Gefach beginnen Sie die erste Lage mit einem eventuell verbleibenden größeren Reststück und die zweite Lage mit einer ganzen Platte. Auf diese Weise erreichen Sie eine fugen- und wärmebrückenfreie Verlegung Ihrer Dämmplatten.

Bei der Verwendung von Mineralfaser bauen Sie nun eine dampfbremsende Folie ein.

2 Auch bei der Befestigung der **raumseitigen Bekleidung** stellen Sie die Bekleidungsplatten auf lose ausgelegte Dachlatten oder lose Brettstücke.

3 Zur Dämmung der **Bodenfläche** der Abseitenräume legen Sie einfach passend geschnittene Dämmplatten aus.
Auch hierbei ist eine zweilagig fugenversetzte Verlegung besonders vorteilhaft.

1

2

3

Arbeitsanleitung: Rohrleitungen dämmen

Rohrleitungen gegen Wärmeverlust dämmen

Material
Rohrschalen, Aluminiumklebeband.

Werkzeug

Schwierigkeitsgrad

| 0 | 1 | 2 | 3 |

Kraftaufwand

| 0 | 1 | 2 | 3 |

Arbeitszeit
Für je 1 m Rohrleitung benötigen Sie etwa 10 Minuten.

Ersparnis
Pro 1 m Rohrleitung sparen Sie bis zu 5 €.

1

Arbeitsanleitung: Rohrleitungen dämmen

Beim Aus- oder Umbau von Wohnhäusern müssen meistens neue Rohrleitungen für Warmwasser und Heizung verlegt werden. Bei unter Putz oder in Decken verlaufenden Rohrleitungen, jedoch auch bei frei verlegten Rohrleitungen, die nicht gedämmt sind, kommt es zu erheblichen **Energieverlusten**, deren Kosten sich bei der Heizölrechnung deutlich bemerkbar machen.

Außerdem entwickelt das in den Leitungen strömende Wasser störende **Nebengeräusche**, die sich über die Luft oder die Befestigungen der Leitungen ins gesamte Haus übertragen. Dies gilt in besonderem Maße auch für Kaltwasserleitungen, denn dort tritt durch den höheren Wasserdurchfluß eine noch stärkere Geräuschentwicklung auf als bei Warmwasserleitungen.

Die fachgerechte Dämmung von Rohrleitungen läßt sich mühelos mit sogenannten **Rohrschalen** aus Mineralfaser oder Hartschaum durchführen, die man in Baumärkten und im Fachhandel in unterschiedlichen Dicken und für alle gängigen Rohrdurchmesser erhält. Nach der derzeit geltenden Heizanlagen-Verordnung geht man bei einer Wärmeleitfähigkeit des Dämmstoffs von 0,035 W/(mk) davon aus, daß der Dämmstoff in seiner Dicke (Wanddicke der Rohrschalen) in etwa dem Rohrdurchmesser entsprechen sollte.

Zur Auswahl stehen mit Aluminiumfolie kaschierte und unkaschierte Rohrschalen, wobei Sie mit ersteren eine höhere Dämmwirkung erzielen können. Unkaschierte Rohrschalen müssen mit Draht umwickelt oder an ihren Längsschlitzen mit Klebeband verschlossen werden; mit Aluminiumfolie kaschierte Rohrschalen haben einen selbstklebenden Randstreifen, der die Verlegung besonders einfach macht.

Bevor Sie mit den Dämmaßnahmen beginnen, messen Sie zunächst die Längen und Durchmesser aller zu dämmenden Rohre aus. Die erhaltenen **Maße** benötigen Sie zum Einkauf der Rohrschalen.

Haben Sie das notwendige Material besorgt, beginnen Sie mit dem Zuschneiden der Rohr-

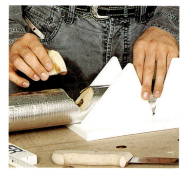

2

3

4

69

Arbeitsanleitung: Rohrleitungen dämmen

schalen. Mit einer **Schneidlade** lassen sich die Rohrschalen mühelos exakt im Winkel von 45 Grad abschneiden.

1 Bei **gerade geführten Rohren** stülpen Sie einfach die Rohrschale über das Rohr, ziehen den Schutzstreifen ab und verschließen die Rohrschale mit dem selbstklebenden Randstreifen.

2 Bei **rechtwinkligen Rohrabzweigungen** längen Sie zunächst ein Schalenstück von etwa 30 cm sowie ein weiteres von etwa 15 cm Länge ab. Schneiden Sie nun einen V-förmigen Einschnitt in das längere Rohrschalenstück. Das kürzere Stück spitzen Sie an einem Ende ebenfalls V-förmig an.

3 Beide Stücke passen genau zusammen und werden nun über die Rohrabzweigung gestülpt.

4 Nun verschließen Sie die Längsschlitze mit den Randstreifen.

5 Zur sicheren Verbindung und Abdichtung werden nun beide Stücke mit selbstklebendem **Aluminiumband** miteinander verbunden.

6 Für die Dämmung an den **Rohrbögen** schneiden Sie zwei Stücke im Winkel von 45 Grad ab. Am Rohrbogen passen sie fugendicht zusammen.

7 Eine andere Methode, die vor allem bei nicht **rechtwinkligen Rohrbögen** von Vorteil ist, besteht darin, zwei V-förmige Einschnitte an einem Rohrschalenstück anzulegen.

8 Stoßen Sie die Schalenstücke dicht zusammen und verschließen Sie sie wieder sorgfältig mit Aluminiumband. So erreichen Sie eine sichere Abdichtung.

9 Auch die Anschlüsse zwischen den Rohrbögen und den geraden Schalenstücken müssen zur optimalen Dämmung überklebt werden.

Ökotip
Durch Ihre Dämmaßnahme erhalten Sie ein umfassend gedämmtes Leitungssystem. Sie sparen deutlich an Heizkosten und schonen darüber hinaus die Umwelt durch einen niedrigeren Energieverbrauch.

Arbeitsanleitung: Rohrleitungen dämmen

Parkettboden aus Eiche

Arbeitsanleitung: Unterboden auf Lagerhölzern

Unterboden auf Lagerhölzern bauen

Material
Kanthölzer 6 x 6 cm, Dämmstoffrandstreifen, Mineralfaser-Dämmplatten, Spanplatten, Spanplattenschrauben.

Werkzeug

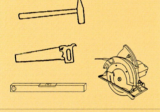

Schwierigkeitsgrad

Kraftaufwand

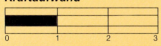

Arbeitszeit
Pro m² Bodenfläche benötigen Sie für die auszuführenden Arbeiten etwa 1 Stunde.

Ersparnis
Bei einer Bodenfläche von etwa 20 m² können Sie durch Ihre Eigenleistung bis zu 250 € einsparen.

Neben einer schwimmenden Verlegung von Trockenestrichplatten auf hierfür geeigneten Dämmstoffplatten können Unterböden auch auf Lagerhölzern aufgebaut werden. Dieses Verfahren ist immer dann von Vorteil, wenn auf Rohdecken über nicht beheizten oder nicht unterkellerten Räumen wegen der besseren Wärmedämmung stärkere Dämmstoffdicken eingebaut werden sollen.

Voraussetzung für den Einbau eines Fußbodens auf Lagerhölzern ist allerdings, daß das ursprüngliche Fußbodenniveau um 6 bis 10 cm erhöht werden kann. Wenn Sie den Raum später weiter ausbauen wollen, müssen Sie die **Erhöhung des Fußbodenniveaus** entsprechend berücksichtigen.

Am Beginn der Arbeiten steht eine genaue **Planung,** damit Sie möglichst wenig Verschnitt haben. Deshalb müssen das Dämmaterial, die Trockenestrichplatten (z.B. Spanplatten) bzw. der Bodenbelag (z.B. Fertigparkettelemente) in ihren Maßen genau aufeinander abgestimmt sein. Für den Abstand der Lagerhölzer richten Sie sich in erster Linie nach der Tragfähigkeit des vorgesehenen Belags (z.B. Fußbodendielen, Fertigparkettelemente) und nach dessen Lieferlänge.

Ein möglichst **verschnittfreier Einbau** des Dämmaterials ist nur dann möglich, wenn die Breite des Dämmaterials auch dem lichten Abstand der Lagerhölzer entspricht. Beginnen Sie den Einbau der Lagerhölzer von einer Wand aus. Beachten Sie dabei, daß der lichte Abstand zwischen den Lagerhölzern jeweils etwa 1 bis 2 cm geringer ist als die Dämmstoffbreite. Wenn dann die zuletzt verlegten beiden Lagerhölzer einen geringeren Abstand aufweisen, so muß der Dämmstoff nur für diese Reihe zugeschnitten werden.

Lagerhölzer lassen sich nur auf wirklich **ebenen Decken** fachgerecht und trittschallgedämmt einbauen. Sie können auf unebenen Rohdecken mit Keilen nur mühsam ausgerichtet werden, und es hat immer den Nachteil, daß die Lagerhölzer jeweils nur an einigen Punkten, nicht jedoch auf ihrer gesamten Länge aufliegen. Es empfiehlt sich, stark unebene Rohdecken vor dem Einbau der

Arbeitsanleitung: Unterboden auf Lagerhölzern

1

3

2

4

Lagerhölzer nach Möglichkeit mit Hilfe eines Fließestrichs auszugleichen. **Fließestriche** haben den Vorteil, daß sie von selbst »in die Waage« fließen und relativ dünn (ab 2 mm) aufgetragen werden können.

Nachdem Sie die Rohdecke gründlich gereinigt haben, wird sie zunächst grundiert. Dazu verwenden Sie einen Mörtelverbesserer, der im Verhältnis 1:3 mit Wasser gemischt und dann auf die Rohdecke aufgebürstet wird. Nach dem Trocknen der **Grundierung** wird der nach Gebrauchsanleitung mit Wasser gemischte Fließestrich einfach streifenweise auf der Rohdecke ausgegossen. Man unterstützt seine Verteilung leicht mit einem Stahlglätter. Der Mörtel verfließt von selbst zu einer ebenen, waagerechten und glatten Fläche. Nach dem Aushärten, was je nach Luftfeuchtigkeit und Raumtemperatur 2 bis 7 Tage dauert, können die Lagerhölzer verlegt werden.

Geringe Unebenheiten werden durch die Dämmstoffrandstreifen zwischen den Lagerhölzern und der Decke ausgeglichen. Die Rohdecke muß vollständig trocken sein, bevor Sie die Lagerhölzer einbauen.

1 Reinigen Sie nun die Decke gründlich mit einem Besen, nachdem Sie überstehende Mörtelreste mit einem Meißel entfernt haben. Legen Sie dann auf der gesamten Deckenfläche eine 0,2 mm dicke **Polyäthylenfolie** aus. Die Stöße benachbarter Bahnen werden dabei um mindestens 30 cm überlappt. Die Folie sollte ringsum an den Wänden etwa 10 cm hochstehen.

Danach legen Sie für einen guten Trittschallschutz und, um Kältebrücken sicher zu vermeiden, **Dämmstoffrandstreifen** aus Mi-

Arbeitsanleitung: Unterboden auf Lagerhölzern

neralfaser an den Stellen auf, wo die Lagerhölzer liegen werden.

Es empfiehlt sich auch, Dämmstoffrandstreifen ringsum an den Wänden aufzustellen, damit eine Übertragung des Trittschalls ausgeschlossen werden kann.

2 Bauen Sie nun die **Lagerhölzer** ein, und achten Sie dabei genau auf die vorgesehenen Abstände. Die Lagerhölzer werden nicht miteinander verbunden. Sie dürfen außerdem auf keinen Fall mit der Decke verdübelt werden, denn die gesamte Konstruktion soll ja ohne jegliche Schallbrücke ausgeführt werden.
Eine Befestigung der Kanthölzer in ihrer Lage ergibt sich erst später, wenn sie mit den Holzspanplatten verschraubt bzw. mit den Fertigparkettelementen vernagelt werden.

3 Im nächsten Arbeitsgang werden die **Dämmstoffplatten** zwischen die Lagerhölzer eingebaut und fugendicht gestoßen. Hierbei ist es natürlich günstig, wenn die Dämmstoffbreite 1 bis 2 cm mehr beträgt als jeweils der lichte Abstand zwischen den Lagerhölzern.

5

4 Eine noch bessere Wärme- und Schalldämmung erreichen Sie, wenn Sie die Dämmplatten in **zwei Lagen** übereinander fugenversetzt einbauen.

5 Zum Schluß verschrauben Sie die in ihrer Breite auf den Mittenabstand zwischen den Lagerhölzern zugeschnittenen **Holzspanplatten** mit den Lagerhölzern. Bei einem lichten Abstand der Lagerhölzer von 50 bis 60 cm müssen die Spanplatten mindestens 22 mm stark sein.

Verwenden Sie ausschließlich spezielle Spanplattenschrauben, die in einem Abstand von etwa 30 cm mit einem Plattenrandabstand von 2 cm eingedreht werden.
Andere Fußbodenbeläge (z.B. Fertigparkett, Holzdielen) werden vernagelt.

Nachdem Sie den Bodenbelag verlegt haben, wird der überstehende Dämmstoffrandstreifen bündig abgeschnitten. Die Dehnungsfuge überdecken Sie mit der Fußleiste.

Arbeitsanleitung: Dämmstoffe isolieren

Dämmstoffe mit einer Dampfsperre isolieren

Material
Dampfbremsfolie mit sd-Wert größer als 50 m, Spezialklebeband und vorkomprimiertes Dichtungsband, Schnellbauschrauben, Dachlatten.

Werkzeug

Schwierigkeitsgrad

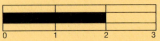

Kraftaufwand

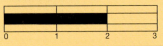

Arbeitszeit
Pro m^2 Dachfläche sollten Sie mit einer Arbeitszeit von 10 bis 20 Minuten rechnen, bei schwierigen Wandanschlüssen benötigen Sie entsprechend mehr Zeit.

Ersparnis
Pro m^2 Folie sparen Sie Verlegekosten zwischen 5 und 10 €.

Arbeitsanleitung: Dämmstoffe isolieren

Die Bildung von Kondenswasser im Bereich der Dämmschicht läßt sich nur durch den Einsatz von dampfbremsenden und winddichten Spezialfolien vermeiden. Diese Folien sind im Dämmstoff-Fachhandel erhältlich und bieten einen für die Dämmung nichtbelüfteter Dächer ausreichend hohen Diffusionswiderstand. Mit Tackerklammern werden sie lückenlos auf der dem Raum zugewandten Seite an den Dachsparren befestigt und dann an den Überlappungen mit Spezialklebeband abgedichtet. Spezielle, vorkomprimierte Dichtbänder sorgen für die sichere Abdichtung aller Anschlüsse. Diese Dichtbänder quellen nach dem Anbringen von Anpreßlatten auf und bewirken so einen vollkommen winddichten Anschluß der Folie.

Profitip
Überprüfen Sie an einem Regentag die Dacheindeckung Ihres Hauses auf Dichtigkeit, und lassen Sie eventuelle Reparaturen vor dem Einbau von Dämmstoffen und dampfbremsender Folie ausführen.

Um unbehindert arbeiten zu können, sollten Sie zunächst den Dachraum vollkommen leer räumen und anschließend gründlich ausfegen. Gerade bei Dächern von Altbauten sind die Holzteile oft stark verstaubt. Ein Staubsauger mit hoher Saugkraft sorgt für Abhilfe.

Für den genauen **Zuschnitt der Dämmstoffilze** messen Sie jeweils den lichten Abstand zwischen den Sparren. Rechnen Sie noch 1 cm Übermaß dazu. Legen Sie dann ein Holzbrett in dem so ermittelten Abstand auf den Dämmstoffilz. Mit einem scharfen Messer mit langer Klinge schneiden Sie den Dämmstoff entlang der Brettkante zu.

Sicherheitstip
Dämmstoffe aus Mineralfaser sollten aus Sicherheitsgründen nicht mit elektrischen Sägen geschnitten werden. Tragen Sie bei der Verarbeitung von Mineralfaser dichtschließende Kleidung und eine Atemschutzmaske (P2).

Unter leichtem Pressen wird die zugeschnittene Dämmstoffplatte zwischen die Sparren geklemmt.

1

2

3

Arbeitsanleitung: Dämmstoffe isolieren

4

7

5

8

6

9

Achten Sie dabei auf einen **fugendichten Anschluß** der Platten. Alle Zwischenräume der Sparren werden mit Dämmstoff gefüllt. In Fehlstellen und Anschlußbereiche können Sie Reststücke stopfen.

1 Nach Beendigung der Dämmaßnahmen beginnt die eigentliche Isolierarbeit: Die gesamte Dämmschicht wird raumseitig mit Folie bespannt. Zur leichteren Montage können Sie die Folien mit einer T-förmigen Stütze aus Dachlatten anheben und stützen. Richten Sie dabei die Folie so aus, daß zu den Anschlußstellen (Giebelwand, Fußpfette, Firstpfette) ausreichend Überhang bleibt.

2 Tackern Sie die Folie in der Fläche an allen Sparren im Abstand von etwa 10 cm an.

3 Nachdem Sie die erste Folienbahn angebracht haben, kleben Sie an der Anschlußseite der Folie das **Spezialklebeband** auf einen Sparren und drücken das Band fest an.

4 Befestigen Sie wie vorher die **zweite Folienbahn**. Achten Sie

Arbeitsanleitung: Dämmstoffe isolieren

dabei auf ausreichenden Überstand an den Anschlußseiten und zur benachbarten Folie. Ziehen Sie erst jetzt den Trennstreifen des Klebebands ab.

5 Kleben Sie die zweite Folienbahn an der Überlappungsstelle auf. Die Folie sollte locker und gleichmäßig gespannt sein. Vermeiden Sie unregelmäßige Verspannungen, da die Folie sonst leicht einreißt.

6 Drücken Sie die zweite Folienbahn entlang des Klebebands leicht an.

7 Für eine **Folienüberlappung quer zu den Sparren** befestigen Sie die Folie mit ausreichendem Überstand am Firstbalken. Auch hierbei ist auf genügend Überstand zu benachbarten Bauteilen zu achten. Tackern Sie die Folie dann auf allen Sparren an.

8 Bringen Sie jetzt das Klebeband entlang dem Folienrand der ersten Folienbahn an.

9 Die zweite Folienbahn befestigen Sie von unten her an den Sparren, so daß sie etwa 10 cm über die erste Bahn übersteht.

79

Arbeitsanleitung: Dämmstoffe isolieren

16

19

17

20

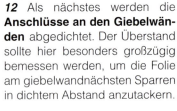

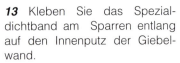

18

21

10 Ziehen Sie dann den Trennstreifen des Klebebands ab.

11 Nun müssen Sie nur noch die zweite Bahn auf den Klebestreifen fest andrücken, und Sie erhalten eine Folienüberlappung, die dauerhaft und winddicht verklebt ist.

12 Als nächstes werden die **Anschlüsse an den Giebelwänden** abgedichtet. Der Überstand sollte hier besonders großzügig bemessen werden, um die Folie am giebelwandnächsten Sparren in dichtem Abstand anzutackern.

13 Kleben Sie das Spezialdichtband am Sparren entlang auf den Innenputz der Giebelwand.

14 Mit Schnellbauschrauben wird eine Anpreßlatte (Dachlatte) so am Sparren befestigt, daß die Folie fest an das Dichtungsband angedrückt wird.

15 Ist der Abstand zwischen Sparren und Wand zu groß, so schrauben Sie die Anpreßlatte mit Durchsteckdübeln an die Wand.

Arbeitsanleitung: Dämmstoffe isolieren

16 Nach der Montage der Anpreßlatten schneiden Sie die überstehende Folie mit einem scharfen Messer bündig ab.

17 Problemlos ist auch der winddichte **Anschluß an die Mittelpfette**. Befestigen Sie zunächst die Folie so, daß sie weit genug auf die Mittelpfette übersteht. Kleben Sie dann das Dichtband an die Mittelpfette.

18 Ziehen Sie die Folie mit der Anpreßlatte gleichmäßig an die Mittelpfette heran.

19 Die Anpreßlatte wird im Verlauf des Dichtbands wieder mit Schnellbauschrauben montiert. Schneiden Sie dann den überstehenden Folienrand bündig mit der Latte ab.

20 Auf der anderen Seite der Mittelpfette verfahren Sie ebenso. Ein Helfer ist beim Beiziehen der Folie nützlich.

21 Die Anpreßlatte befestigen Sie wieder am Kehlbalken.
Das Aufquellen des vorkomprimierten Dichtbands sorgt dann für einen dauerhaft winddichten Anschluß.

Arbeitsanleitung: Dämmstoffe isolieren

28

31

22 Um eine fachgerechte Abdichtung der betonierten **Kaminverwahrung** zu erzielen, schneiden Sie ein ausreichend großes Stück Folie ab. Befestigen Sie es an Kehlgebälk und Kaminwechseln.

23 Schneiden Sie dann die Folien am Übergang zwischen Kaminwechsel und Betonverwahrung ab, und kleben Sie das Dichtband entlang der Fuge zwischen Wechsel und Beton auf.

24 Nun schrauben Sie die Anpreßlatten im Verlauf von Kaminwechsel und Kehlbalken rund um den Kamin. Der fertige Kaminanschluß ist nun dauerhaft winddicht.

25 Die Ränder der **Dachfenster** müssen besonders sorgfältig abgedichtet werden. Stopfen Sie zunächst alle Hohlräume zwischen Sparren und Fensterrahmen sorgfältig mit Dämmstoff aus.

26 Überziehen Sie die Sparren mit Folie, und schneiden Sie diese je nach Fensterabmessung so ab, daß ausreichend Überstand bleibt.

29   32

30

33

Arbeitsanleitung: Dämmstoffe isolieren

27 Bringen Sie dann das Klebeband unter festem Druck auf den äußeren Rahmenbereich des Fensters an.

28 Die überhängende Folie kleben Sie erst nach dem Abziehen des Trennstreifens auf.

29 Jetzt sind beide Seiten der Fensterlaibung mit Folie überzogen.

An der oberen und unteren Fensterlaibung werden Klebestreifen aufgeklebt. Diese müssen die zu beklebende Fläche lückenlos umfassen.

30 Überkleben Sie diese Flächen mit einem ausreichend großen Stück Folie, und drücken Sie diese im Verlauf des Klebebands fest an.

Schneiden Sie dann die am Fenster überstehenden Folienstreifen ab. Zur Sicherheit tackern Sie die Folie an der Fensterlaibung umlaufend im Abstand von 3 cm an.

31 Bei **Rohranschlüssen** zeichnen Sie den Rohrquerschnitt auf ein ausreichend großes Stück Folie.

Verenden Sie dazu ein Rohrstück, das den gleichen Durchmesser hat.

32 Schneiden Sie dann die Folie von der Mitte her segmentförmig bis zur Markierung ein. Einen weiteren Einschnitt machen Sie vom Folienrand bis zum markierten Rohrdurchlaß.

33 Bekleben Sie jetzt den Randbereich des Folienstücks und den Einschnitt vom Folienrand zum markierten Rohrdurchlaß auf beiden Seiten mit Klebeband sorgfältig.

34 Beim Aufkleben des Folienabschnitts ziehen Sie den Trennstreifen stückweise ab.

35 Verkleben Sie die verbleibenden Lücken sorgfältig mit Klebeband. Der Rohranschluß ist nun vorbildlich abgedichtet.

Nachdem Sie nun die Dämmschicht lückenlos gegen das Eindringen feuchter Raumluft abgedichtet haben, können Sie mit den Vorbereitungen für das Anbringen der Innenverkleidung Ihrer neuen Dachräume beginnen und neuen Wohnraum gewinnen.

34

35

Arbeitsanleitung: Unterboden mit Dämmstoffkörnung

Unterboden mit Dämmstoffkörnung aufbauen

Arbeitsanleitung: Unterboden mit Dämmstoffkörnung

Material
Dämmstoffkörnung, Abdeckplatten, Spanplatten, Leim.

Werkzeug

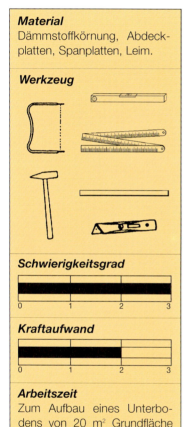

Schwierigkeitsgrad

0　1　2　3

Kraftaufwand

0　1　2　3

Arbeitszeit
Zum Aufbau eines Unterbodens von 20 m^2 Grundfläche benötigen Sie etwa 2 Tage.

Ersparnis
Durch Ihre Eigenleistung sparen Sie zwischen 500 und 1 500 €.

Altbauten mit »Charakter« sind in den letzten Jahren immer beliebter geworden. Sie bringen jedoch auch spezifische Probleme mit sich, vor allem dann, wenn sie dem gewünschten Wohnkomfort nicht entsprechen.

Kleine Räume, zu niedrige oder zu hohe Decken, fehlende oder schadhafte Installationen, vor allem aber fehlende Wärme- und Schalldämmung verlangen oft umfangreiche Renovierungsarbeiten. Nicht selten kommen sie ebenso teuer wie der Innenausbau eines Neubaus. Vor allem dann, wenn die Arbeiten nicht wirklich fachgerecht ausgeführt werden und man nach wenigen Jahren feststellt, daß vieles wieder neu gemacht werden muß.

Außerdem ist die fachgerechte Renovierung eines Altbaus immer schwieriger als der Ausbau eines Neubaus. Dort wurden schon bei der Rohbauplanung alle nachfolgenden Baumaßnahmen berücksichtigt.

Jede Altbaurenovierung sollte von einer gründlichen Untersuchung der vorhandenen Bausubstanz ausgehen. Häufig werfen die Decken und die darüberliegenden Böden die größten Probleme auf. Sind die Decken tragfähig und soll der Bodenbelag erneuert werden, so stellt sich die Frage, ob durch den fachgerechten Aufbau eines gedämmten Unterbodens nicht zuviel an Deckenhöhe verlorengeht. Wenn dies der Fall ist, so kommt nur eine Dämmung innerhalb der Decke, zwischen den Deckenbalken, in Betracht.

Die folgende Arbeitsanleitung geht von einem häufigen und besonders kompliziert scheinenden Fall aus: Über einer Betonrohdecke, die zudem von einer Wand zur anderen hin noch Gefälle aufweist, soll ein gut gedämmter Unterboden für die Verlegung von Fertigparkett aufgebaut werden. Das Hauptproblem liegt darin, die vorhandenen **Höhendifferenzen** der Betondecke auszugleichen, ohne zuviel Raumhöhe zu verlieren.

Den Höhenausgleich erreichen Sie am einfachsten, indem Sie eine sogenannte **Dämmstoffkörnung** einbringen, über der dann der Unterboden in Form von Plattenmaterial »schwimmend« ver-

Arbeitsanleitung: Unterboden mit Dämmstoffkörnung

legt wird. Nachdem die Dämmstoffschüttung eingebracht ist, wird sie mit Hilfe von speziellen Lehren, die in guten Baustoffhandlungen ausgeliehen werden können, planeben abgezogen. Stehen solche Lehren nicht zur Verfügung, so baut man sie sich selbst. Sie benötigen dazu zwei ganz gerade Kanthölzer von etwa 2,50 m Länge und ein gerades, nicht verzogenes Brett, das an seinen Enden entsprechend der Dicke der Kanthölzer eingeschnitten wird.

Vor dem Einbringen der Dämmstoffkörnung sind einige Vorarbeiten notwendig: Da der Raum sinnvollerweise vor der Verlegung des Fertigparketts gestrichen werden soll, müssen zunächst die Wände für den Anstrich vorbereitet werden. Zu diesem Zweck ziehen Sie alte Tapeten ab und bessern Löcher und Risse in den Wänden aus. Sollen die Wände ebenfalls gedämmt werden, so führt man diesen Arbeitsgang vor den Fußbodenarbeiten durch. Ferner ist es sinnvoll, Heizungsrohre, Wasserleitungen und Elektrokabel unter Putz oder auf dem alten Dielenboden zu verlegen, bevor der

Fußboden in Angriff genommen wird. Auch wenn Sie diese letztgenannten Arbeiten vom Fachmann durchführen lassen, können Sie viel Geld sparen, wenn Sie in Absprache mit ihm bestimmte Vor- und Nacharbeiten (Durchbrüche und Schlitze stemmen, Dämmen der Wasser- und Heizungsrohre, Verputzen der Schlitze nach erfolgter Verlegung der Rohre und Leitungen) selbst ausführen.

Wenn Sie sich nach Beendigung der Vorarbeiten dann den Dämmaßnahmen zuwenden, wird Ihr erster Arbeitsschritt sein, die **Höhendifferenzen** des Bodens zu ermitteln. Die hierzu notwendige **Schlauchwaage** kann man, wenn man keine besitzt, leicht selbst herstellen. Man benötigt dazu einen mindestens 10 m langen durchsichtigen Kunststoffschlauch, den man mit Wasser füllt. Über den Wasserpegeln an den beiden Schlauchenden soll etwa 30 cm Luft bleiben. Die Schlauchenden verschließt man mit Holzstöpseln.

Nachdem Sie (am besten in Augenhöhe) an irgendeiner Stelle der Wände einen Höhepunkt

markiert haben, wird die Schlauchwaage mit einem Ende des Schlauches an die Markierung gehalten. Die Stöpsel muß man natürlich entfernen. Indem Sie den Schlauch verschieben, stellen Sie den Wasserpegel genau auf die Markierung ein, während ein Helfer das andere Ende des Schlauches an einer anderen Stelle an die Wand hält. Nachdem das Wasser zum Stillstand gekommen ist, zeichnet der Helfer auf der Höhe seines Wasserpegels den zweiten Markierungspunkt an.

So richten Sie im gesamten Raum eine einheitliche »Höhe« ein, indem Sie nach Möglichkeit immer die zuerst eingezeichnete Markierung als Ausgangspunkt für alle weiteren Markierungen nehmen. Pro Wandfläche, auch in kleinen Nischen, werden mindestens zwei Markierungspunkte benötigt, die jedoch nicht weiter als etwa 2 m auseinanderliegen sollten.

Als nächstes messen Sie die **Höhe** der vorgesehenen Dämmstoffschüttung ein. Dazu messen Sie von jeder Markierung aus bis zum Fußboden. Die Stelle der ge-

86

Arbeitsanleitung: Unterboden mit Dämmstoffkörnung

1

ringsten Höhendifferenz, dort also, wo der Dielenboden am höchsten liegt, ist der Ausgangspunkt für die Berechnung der Schütthöhe, die an dieser Stelle mindestens 1 cm betragen sollte. Die endgültige Schütthöhe richtet sich selbstverständlich nach dem vorgesehenen Fußbodenniveau. Dabei ist auch die Dicke der Abdeckplatten und des vorgesehenen Fertigparketts zu berücksichtigen.

Gehen Sie vom höchsten Punkt aus, um die Schütthöhe zu markieren, und tragen Sie an allen anderen Markierungspunkten dasselbe Maß auf der Wand ab. Am besten verwenden Sie dazu eine **Latte**, die auf das entsprechende Maß abgelängt ist. So erhalten Sie überall den exakt gleichen Abstand von der oberen Höhenlinie.

1 Schütten Sie nun die Dämmstoffkörnung aus dem an einer Ecke aufgeschnittenen Sack in **Streifen** auf dem Boden aus; und zwar entlang der Wände sowie jeweils im Abstand der Abziehlehre.

87

Arbeitsanleitung: Unterboden mit Dämmstoffkörnung

2

2 Richten Sie nun die Abziehlehren auf diesen Schüttstreifen auf die vorgesehene Schütthöhe ein. Dies geschieht am einfachsten durch leichtes Klopfen und Schieben der Abziehlehren.
Danach schütten Sie die Dämmstoffkörnung im Bereich zwischen den Abziehlehren auf dem Boden aus. Bereits hierbei können Sie die Körnung relativ gleichmäßig zwischen den Lehren verteilen. Anschließend verteilen Sie die Körnung durch Ziehen und Schieben mit einem Brett so, daß ihre Oberfläche etwas über die Unterkante der Lehren hochsteht. Nun erst erfolgt das genaue **Abziehen**, bis die gesamte Bodenfläche mit der Körnung auf eine gleichmäßige Höhe gebracht ist.

3 Selbstverständlich kann diese Fläche nicht begangen werden. Es müssen zunächst sogenannte **Abdeckplatten**, die meist im Lieferprogramm der Hersteller von Dämmstoffkörnungen enthalten sind, verlegt werden.
Beginnen Sie mit dem Verlegen dieser Platten im Türbereich. Jede weitere Platte wird flach über die bereits verlegten Platten

Arbeitsanleitung: Unterboden mit Dämmstoffkörnung

geschoben, so daß bei diesem Arbeitsgang die Oberfläche der Schüttung nicht aufgerissen wird. Dabei legen Sie die Abdeckplatten so, daß **keine Kreuzfugen** entstehen. Beginnen Sie daher die erste Reihe mit einer ganzen Platte, und verwenden Sie das Reststück dieser ersten Reihe als Anfangsstück der zweiten Reihe.

4 Wenn die gesamte Fläche mit Abdeckplatten bedeckt ist, können Sie die Holzspanplatten, Gipsfaserplatten oder Estrich-Verbundplatten verlegen. Zur Vermeidung von Kreuzfugen sollte auch hier die Verlegung in »fallenden Längen« erfolgen. Holzspan- und Holzfaserplatten werden in Nut und Feder miteinander verleimt. Auf der fertiggestellten Fläche können Sie nun alle Bodenbeläge aufbringen.

Profitip
Am Rand der Bodenfläche muß eine umlaufende Dehnungsfuge von etwa 15 mm gesichert werden. Verwenden Sie hierfür kleine Hartholzkeile, die Sie nach dem Aushärten des Leims, etwa 24 Stunden, wieder entfernen.

3

4

Arbeitsanleitung: Heizöllager isolieren

Heizöllager fachgerecht isolieren

Arbeitsanleitung: Heizöllager isolieren

Material
Dichtungsschlämme als Fertigmörtel, Ölwannen-Beschichtungsmittel.

Werkzeug

Schwierigkeitsgrad

Kraftaufwand

Arbeitszeit
Zum Abdichten einer Ölwanne von 4 m² Grundfläche benötigen Sie etwa 3 Tage.

Ersparnis
Durch Ihre Eigenleistung sparen Sie je nach Größe der Ölwanne zwischen 500 und 1 500 €.

Ökotip
Auslaufendes Heizöl ist eine große Gefahr für die Umwelt, insbesondere dann, wenn es ungehindert ins Erdreich und somit ins Grundwasser gelangen kann. Deshalb sind Sicherheitsvorkehrungen zu treffen.

Auch die Behörden schreiben strenge Maßnahmen zur Lagerung von Heizöl vor. Dazu gehört die öldichte Ausführung von sogenannten **Auffangwannen**, in denen Heizöltanks aufgestellt werden sollen.

Eine öldichte Beschichtung, die ausschließlich mit einem für diesen Zweck bauaufsichtlich zugelassenen **Beschichtungsmittel** erfolgen darf, kann sinnvollerweise erst dann ausgeführt werden, wenn die notwendigen und ebenfalls gesetzlich vorgeschriebenen Voraussetzungen dafür auch gegeben sind. Hierzu gehört, daß die Auffangwanne glatt und rißfrei verputzt ist.

Um einen **glatten** und **rißfreien Verputz** zu gewährleisten, ist das Aufbringen einer mechanisch widerstandsfähigen, wasserdampfdurchlässigen Dichtungsschlämme mit nachfolgender abriebfester Versiegelung sinnvoll. Dichtungsschlämmen erhalten Sie als güteüberwachte Werktrockenmörtel in Baumärkten und im Fachhandel.

Sie werden hauptsächlich zur Abdichtung von Keller- und Fundamentmauern von außen eingesetzt, eignen sich aber darüber hinaus auch für eine Abdichtung gegen innen anfallendes Wasser: Etwa für die Abdichtung von Ölwannen, Wasserbehältern, Schwimmbecken und Zierteichen.

Der Untergrund muß möglichst eben, tragfähig, sauber und trocken sein. Vor dem Auftragen der Dichtungsschlämme müssen **Putzrisse** sauber repariert werden. Breitere Risse werden zunächst bis auf den tragfähigen Grund aufgemeißelt und dann mit einem schnellhärtenden Zementmörtel geschlossen. Entfernen Sie ebenfalls alle alten Anstriche. Auf ihnen würde die Beschichtung mit Dichtungsschlämmen nicht haften.

Arbeitsanleitung: Heizöllager isolieren

1

3

2

4

Profitip
Alte Anstriche lassen sich mühelos mit einem Hochdruck-Dampfstrahlgerät entfernen.

Kehren Sie nach diesen Vorarbeiten die abzudichtenden Wände und den Boden sorgfältig mit einem harten Besen ab.

1 Dichtungsschlämme erhält man im Handel als fertig gemischten Werktrockenmörtel, der nur noch mit Wasser angerührt werden muß. Schütten Sie hierbei das Mörtelpulver ins Wasser, nicht umgekehrt, und halten Sie sich für das Mischungsverhältnis möglichst genau an die auf dem Gebinde aufgedruckten Herstellerangaben.

2 Für das erste Einschlämmen mit dem Quast wird der Mörtel streichfähig angerührt. Am besten geht dies mit einem Korbrührer an der Bohrmaschine. Der Mörtel sollte dann etwa 10 Minuten ruhen und dann nochmals umgerührt werden.

3 Im ersten Arbeitsgang bürsten Sie die Dichtungsschlämme satt

Arbeitsanleitung: Heizöllager isolieren

mit dem Quast auf Wand und Boden auf. Bearbeiten Sie hierbei begrenzte Flächen, nicht alle Wände auf einmal.

4 Danach tragen Sie eine 3 bis 5 mm starke Schicht Dichtungsschlämme mit der Glättkelle auf. Hierfür sollten Sie den Mörtel steifer anrühren als für das Aufschlämmen mit dem Quast.

5 Zum Erzielen einer planebenen Oberfläche reiben Sie die Fläche nach dem Ansteifen des Mörtels mit dem feuchten Schwammbrett ab.

6 Auch auf dem **Boden** der Auffangwanne wiederholen Sie die beschriebenen Arbeitsgänge. Hier können Sie die Dichtungsschlämme in etwas dickerer Schicht (5-10 mm) aufziehen.

7 Glätten Sie die aufgetragene Schicht mit dem Stahlglätter, bevor der Mörtel zu härten beginnt.

Nach dem Erhärten und Austrocknen der Dichtungsschlämme versiegeln Sie den abgedichteten Boden mit einem für Ölwannen zugelassenen Beschichtungsmittel.

5

6

7

Arbeitsanleitung: Heizöllager isolieren

8

9

10

8 Zunächst muß die Ölwanne mit einer handelsüblichen **Grundierung** (Tiefgrund) sorgfältig grundiert werden. Dies geht am einfachsten mit dem Quast. Die Ecken und Ränder erfordern besondere Sorgfalt. Der Auftrag des Beschichtungsmittels darf erst erfolgen, wenn die Grundierung getrocknet ist. Richten Sie sich hierfür nach den Herstellerangaben.

9 Mischen Sie das Beschichtungsmittel besonders gründlich durch. Den ersten Deckanstrich tragen Sie mit der Rolle auf. Zu diesem Zweck darf das Beschichtungsmittel nicht verdünnt werden.
Ecken und Ränder streichen Sie dann wieder sorgfältig mit dem Pinsel.

10 Nach dem völligen Durchtrocknen des ersten Deckanstrichs wird der **zweite Deckanstrich** aufgebracht. Um besser kontrollieren zu können, ob auch die gesamte Fläche lückenlos beschichtet ist, verwendet man hierbei am bestren das Beschichtungsmittel in einem anderen Farbton als beim ersten Deckanstrich.

Ökotip
Auch in Werkstätten und Garagen kann Öl auslaufen. Man denke nur an vom Auto ablaufendes Schneewasser. Häufig mit Auftausalz und Ölspuren vermischt, dringt es in den Garagenboden und die umgebenden Wände ein und verursacht zu den Umweltschäden noch weitere Schäden an Verputz und Mauerwerk. Auch hier ist der Einsatz von Dichtungsschlämme und öldichtem Beschichtungsmittel sinnvoll.

Sachwortregister

Wo finde ich was?

A
Anstriche 14

B
Baustoffklassen 6
Bitumenanstrich 16, 37, 53
– Kautschuk 15, 16
– Latex 16
– Spachtelmasse 15

D
Dämmstoffe 6, 18ff., 40
– Anorganische 6
– Eigenschaften 22
– Mineralfaser 7
– Organische 7
– Randstreifen 43
– Tips 25
Dämmstoffplatten 18, 63
Dämmung
– Außenwand 10, 63
– Dach 41
– Dachstuhl 59
– Decke 12
– Fußboden 13, 61
– Kellerdecken 59
– Kellermauer 52 ff.
– Schall- 10, 11, 22
– Steildach 12
– Trittschall- 13, 42, 44
– Unterboden 84 ff.
– Wärme- 7, 13
– Wandbekleidung 40
Dampfbremse 6

Dampfsperre 11, 76 ff.
Dichtstoffe 15, 35, 38
Dichtungsbänder 17, 36
Dichtungsschlämme 16, 92
Diffusionswiderstand 17

E
Estrich
– Fließ- 30

F
Folien 17
– dampfbremsende 42
– Überlappung 79
Fugen
– Dehnungs- 15, 38
– Dreieck 38

G
Grundierung 33, 35, 36, 38,51

H
Haftschlämme 31
Hinterlüftung 10, 11, 45, 60

I
Imprägnieranstriche 32
Imprägnierung 14
– Außenwände 32

K
Kältebrücke 43
Kellerdecke 6, 59
Kreuzfugen 42, 89

L
Lagerhölzer 30, 72 ff.
Leichtbauplatten 6

O
Oberputz 56

P
Profilbrettschalung 11
Putzschäden 28

R
Risse 28

S
Schalungsaufbau 46
Silikon 15, 35, 38
Spritzbewurf 56

T
Trittschall s. Dämmung

U
Untergrund 33
U-Wert 7

V
Verputzen 55
Versiegelung 33 ff.

W
Wärmebrücken 7
Wasserdampfdiffusion 7

Bildquellen-Nachweis

Abbildungsverzeichnis

Wir danken den folgenden Firmen, die uns durch die freundliche Bereitstellung von Abbildungen unterstützt haben.

Algo Stat AG und Co., Braunschweiger Heerstraße 100, D-29227 Celle: S. 58, 60 (1-2), 61

Arbeitsgemeinschaft Holz e.V. Füllenbachstraße 6, D-40474 Düsseldorf: S. 10 (1-3), 11 (4-6), 12 (7-9), 62

Deutsche Rockwool GmbH, Postfach 207, D-45952 Gladbeck: S. 22 (1-2), 23 (3-4), 24 (5-7), 74 (1-4), 75 (5-6)

Fels-Werke GmbH, Geheimrat-Ebert-Str. 12, 38640 Goslar: S. 48

Saint-Gobain Isover G+H AG, Albert-Reimann-Straße 20, D-68526 Ladenburg: S. 17, 18 (1-2), 19 (3-4), 20 (5-7), 42 (1-3), 43, 44 (2-4), 45, 46 (2-3), 57 (9-10), 64 (1-4), 65 (1), 67 (2-4), 68 (1), 69 (2-4), 70 (5-6), 71 (7-9), 76, 77 (1-3), 78 (4-9), 79 (10-15), 80 (16-21), 81 (22-27), 82 (28-33), 83 (34, 35)

Hamberger Industriewerke GmbH, Postfach 100353, 83003 Rosenheim: S. 72

Knauf Bauprodukte GmbH., Postfach 10, D-97343 Iphofen: S. 8, 58 (1-3), 59 (4-6)

Lugato Chemie GmbH, Helbingstraße 60-62, D-22047 Hamburg: S. 14 (1-2), 15 (1-2), 16 (1-2), 28, (1-4), 29 (1-4), 30 (1-2), 31 (3-5), 32 (1-2), 33 (1-3), 34 (1-4), 35 (5-7), 36 (1-3), 37 (1-4), 38 (1-3), 39 (4-6), 52, 54 (1-2), 55 (3-5), 56 (6-8), 92 (1-4), 93 (5-7), 94 (8-10),

Perlite Dämmstoffe GmbH & Co., Postfach 10 30 64, D-44030 Dortmund: S. 41 (1-4), 72, 84, 87, 88, 89 (3-4)¡